Gerald Kistner

**Zwischen Backbord
und Steuerbord**

Gerald Kistner

Zwischen Backbord
und Steuerbord

Maritime Zusammenhänge
leicht verständlich erklärt

NWD-Verlag, Bremerhaven

Autor und Verlag danken der
Bremer Vulkan AG
für die großzügige Unterstützung
bei der Herausgabe dieses Buches.

© *1991 by Nordwestdeutsche Verlagsgesellschaft m.b.H., Bremerhaven*
Gestaltung/Layout: NWD-Verlag
Umschlaggestaltung: Bettina Blaschke
Satzherstellung: NWD-Verlag
Gesamtherstellung: Ditzen Druck und Verlags-GmbH, Bremerhaven

ISBN 3-927 857-30-0

An der Küste
ist alles anders

Da versegeln moderne Containerfrachter. Mit Bruttoregistertonnen wird nicht etwa ihr Gewicht gemessen, sondern das Volumen des Schiffes. Ein schnelles Passagierschiff macht 24 Knoten, wobei die Container auch im Zeitalter der metrischen Maße noch in Fuß-Einheiten gemessen werden.

Die Sicherheit, mit der hier ständig von Backbord und Steuerbord statt dem binnenländischen Links und Rechts gesprochen wird, ist genauso beängstigend. Rot ist links – dieser Merksatz gilt auch bei Positionslichtern –, und alles was Grün ist, muß dann rechts sein. Bei den Fahrwassermarkierungen ist es jedoch eine Wissenschaft für sich, von welcher Seite man dabei gucken muß. So ist für die weserabwärtsfahrenden Schiffe auf der rechten Seite (pardon: Steuerbord natürlich) die rote Fahrwassertonne. Die Farbenfestlegung erfolgte für die von See Heimkommenden, die so nicht umdenken mußten, während die ausfahrenden Seeleute ja noch frisch erholt vom Landgang kamen.

Ein Trost für alle Leser dieses Buches, das die Zusammenhänge in Schiffahrt und Schiffbau erklären will: Auch an der Küste haben längst nicht alle den maritimen Durchblick. Das kann man bei den Verklarungen während der Windjammerparaden durchaus feststellen. Andererseits befindet sich eine der ganz großen deutschen Reedereien im tiefsten Binnenland – in München-Unterföhring. Moderne Telekommunikation erlaubt es, daß ihre Mitarbeiter genauestens im Bilde darüber sind, was an den Häfen an der Küste, vor allem aber in Übersee, auf den Frachtmärkten und an Bord los ist.

Zwischen Backbord und Steuerbord spielt sich an der Küste viel ab. Damit ist nicht etwa nur das Leben und vor allem Arbeiten an Bord von Schiffen gemeint. Romantisch verklärt wird hier vieles in den Seemannsschlagern, die sich vor allem im Binnenland besonderer Begeisterung erfreuen. Doch Hein Mück aus Bremerhaven, der in jedem Hafen eine Braut hat – den gibt es schon lange nicht mehr.

An Bord haben Computer Einzug gehalten. Während der wenigen Stunden Liegezeit in den fremden Häfen unter südlicher Sonne sieht der Seemann während der harten Arbeit zum Bunkern und Ladunglöschen außer der Kaimauer nicht viel Exotisches und denkt keinesfalls an vergnügungssüchtige Landgänge. Von der harten und heute besonders verantwortungsvollen Arbeit für Besatzung, Ladung und Umwelt an Bord wissen auch viele Küstenbewohner nur wenig. Das fängt beim Bau des Schiffes selbst an: Hier ist heute ausschließlich Hochtechnologie gefragt. Die Schiffsbetriebszentrale mit den Anzeigen und Bedienelementen für die Antriebe und Aggregate gleicht eher dem Leitstand eines modernen E-Werkes: Mit Motoren und elektrischen Schaltleistungen von vielen Megawatt ist ein Schiff letztlich auch nichts anderes als ein hochtechnisiertes schwimmendes Kraftwerk, dem Stürme und Seegang nichts anhaben dürfen.

Computer regieren nicht nur an Bord bei der Überwachung des Kurses und geben dem Kapitän Hilfestellung – sie sorgen auch dafür, daß per Knopfdruck an Land festgestellt werden kann, wo sich gerade auf der Welt ein Container mit Kaffee oder wichtigen Ersatzteilen befindet. Transportingenieure erdenken optimale Verpackung und Beförderung auch der empfindlichsten Güter über die Ozeane.

Schiffahrt ist ein weltumspannendes Geschäft, das immer komplizierter wird. Zur richtigen Zeit das richtige Schiff zu haben, ist dabei für die Reedereien und Makler ausschlaggebend. Nicht nur die Schnelligkeit der Schiffe, sondern auch der Häfen beim Umschlag hochwertiger Güter konnte beträchtlich gesteigert werden. Dabei werden inzwischen nicht nur Tanker als schwimmende Lager eingesetzt.

Mit Containerfrachtern der neuen Generation ist es möglich, Zulieferer aus Fernost als verlängerte Werkbank der europäischen Industrie einzusetzen. Ein anderes Beispiel: Eine bundesdeutsche Marmeladenfabrik nutzt mit viel Logistik und sehr rationell die Anlieferung von Früchten aus Übersee in Kühlcontainern. Das Obst ist so angetaut, daß es direkt auf die Minute genau in die Marmeladenproduktion kommt.

Schwimmende Garagen – nur so kann man die riesigen Autotransporter bezeichnen, die Pkws aus Fernost nach Europa oder aus Deutschland nach Übersee bringen. Bis zu 6000 Fahrzeuge haben in einem solchen Stahlkasten Platz. Allein die verhältnismäßig kleine deutsche Handelsflotte, die aber auch mit den älteren ehemaligen DDR-Fahrzeugen noch zu den modernsten der Welt gehört, stellt ein Investitionvolumen von vielen Milliarden Mark dar. Mit ihr wurden mit 7,8 Milliarden Mark Umsatz 1990 Waren bewegt. Die deutsche Handelsflotte – also ohne ausgeflaggte, von Deutschland aus bereederte Fahrzeuge – kann 7,1 Millionen Tonnen transportieren. Ihr Anteil an der Welthandelstonnage liegt bei 1,4 Prozent, Deutschland nimmt den 20. Platz vor Dänemark ein. Auf dem Seeweg wurden im vergangenen Jahr weltweit Güter mit einem Gewicht von knapp vier Milliarden Tonnen umgeschlagen. Berücksichtigt man die Transportwege, kommt man auf fast 10 000 Milliarden Tonnenkilometer.

Deutsche Werften bauten 1990 für mehr als 4,5 Milliarden Mark neue Schiffe oder lieferten Großumbauten zurück. Zusammen mit den ostdeutschen Schiffbaubetrieben, deren Spezialität der Serienbau vor allem für die RGW-Staaten war, liegt Deutschland in der Schiffbaufertigung hinter Korea und Japan auf dem dritten Platz. Ein beträchtlicher Teil der Ausrüstungen der Handels- und Marineschiffe vom Motor bis zur Elektrik stammt übrigens aus dem Binnenland. Wenn es den Werften gutgeht, ist dies ein positiver Faktor für das gesamte Bundesgebiet.

Zwei Drittel der Erdoberfläche sind mit Wasser bedeckt. Ohne Schifffahrt wäre noch nicht einmal ein innereuropäischer Handel möglich. Selbst Tunnel, Brücken und Pipelines können das Transportmittel Schiff im Welthandel nicht ersetzen. Gerade die Bundesrepublik könnte als Exportnation nicht ohne das Transportmittel Schiff auskommen, das gegenüber den anderen Verkehrsmitteln Flugzeug, Straße und Schiene überdies noch das energiegünstigste ist.

Das Krisengerede in der Schiffahrt hat jedoch zu einer breiten Verunsicherung geführt. So wanderten viele hochqualifizierte Schiffbauer in andere Branchen als gerngesehene Fachkräfte ab und entschließen sich immer weniger junge Männer, einen Bordberuf zu erlernen. Erheblicher Nachwuchsmangel ist die Konsequenz.

Doch allen Unkenrufen zum Trotz: Schiffbau ist Hochtechnologie und Schiffahrt keineswegs nur die Kunst, von Punkt A nach Punkt B zu kommen. Viel Fachwissen ist für Seeleute erforderlich, das auch eine spätere Karriere in Landberufen garantiert. Wie begehrt Seeleute sind, ergab eine Untersuchung des Deutschen Nautischen Vereines.

Zahlreiche Neuentwicklungen in der Schiffbautechnologie und der Einsatz modernster Kommunikations- und Computer-Technik belegen, wie aktuell diese Branche ist und keineswegs nur etwas mit Nostalgie zu tun hat. Vom Einbaum bis zum großen Containerfrachter war es ein weiter Weg, die rasante Weiterentwicklung in den vergangenen Jahren zeigt:

Schiffahrt und Schiffbau tun auch in Zukunft not!

In den Himmel wächst dieser Wulstbug auf der Bremerhavener Schichau Seebeckwerft: Die Werften werden jedoch nicht übermütig, sondern fertigen die Sektionen nur besonders rationell.

Entwirrung des Seemannsgarnes

Zahlreiche Fachbegriffe gibt es im maritimen Jargon. Vielfach handelt es sich dabei um historische Bezeichnungen aus der Zeit der Segler. Oft sind die Ausdrücke auch dem Englischen entlehnt. Im folgenden eine kurze Übersicht der wichtigsten Fachbegriffe. Wenn man sie kennt, dann kann man in Seemannskreisen schon ganz gehörig mitreden.

Die rechte Seite in Fahrtrichtung des Schiffes heißt Steuerbord. Die Farbe der Positionslichter ist hier Grün. Links ist die Farbe Rot und heißt Backbord. Es gibt eine Reihe von Eselsbrücken für diesen Zusammenhang. Ein Beispiel: Steuerbeamte (Zoll) haben grüne Uniformen. Oder: In „Steuerbord" finden sich zwei „R" und mit „R" fängt „rechts" an.

Zu den maritimen Richtungsangaben gehören auch Luv und Lee. Luv ist die dem Wind zugewandte Seite (man beachte das „U" als Merkregel), während es sich bei Lee um die entgegengesetzte windstille Seite handelt. Wer etwas über Bord geben muß, was hoffentlich nicht durch Seekrankheit der Fall sein möge, der sollte das besser auf der Lee-Seite des Schiffes machen. Merkregel: Nur in Lee etwas in die See werfen!

Der vordere Teil des Schiffes heißt Bug, der hintere oder achtere Teil Heck. Das Poop-Deck befindet sich ganz achtern, während man mit Back die vorderen Aufbauten bezeichnet. Backschaft hat damit nichts zu tun: Es handelt sich dabei um das Servieren und Abräumen der Speisen in der Messe. Dort, wo der Koch arbeitet – nur an Bord kleinerer Schiffe darf man ihn noch als Smutje bezeichnen –, ist die Kombüse.

Brücke für den Kapitän

Der Arbeitsplatz des Kapitäns ist die Brücke. Das ist in der Regel – nur einige Passagierschiffe tanzen aus der Reihe – der höchste Punkt des Schiffes. Durch große Fensterfronten, die mit besonderen Scheibenrotoren, Belüftung und Wischern auch bei schwerer See klare Sicht garantieren, ist ein umfassender Ausblick möglich. Seitlich sind hier auf den sogenannten Nocken meist zusätzliche verkleinerte Fahrstände zu finden, die ein Manövrieren in engen Kanälen und beim Anlegen erleichtern, weil der Kapitän sich die ganze Sache von der Seite aus angucken kann. Oberhalb der Brücke befindet sich das auch zum Sonnen genutzte Peildeck mit dem Magnet-Kompaß und meist auch einem Mast für

Positionslichter, Radar- und Funkantennen.

Auf der Brücke ist das „Lenkrad" des Schiffes, das Ruder, zu finden, mit dem nach Kompaß und Radar der Kurs gesteuert wird. Doch die vor allem von Großseglern bekannten großen Steuerräder sind heute Vergangenheit: Da das Ruderblatt am Heck des Schiffes elektrisch oder hydraulisch gestellt wird, ist dafür bei schwerer See nicht mehr die persönliche Kraft des Rudergängers und assistierender Matrosen erforderlich. Ein kleines Rad, manchmal auch nur ein kleiner Steuerknüppel oder gar nur ein Schaltknopf, ist optisch wenig schmückender Ersatz, der dem Seemann aber das Leben erleichtert.

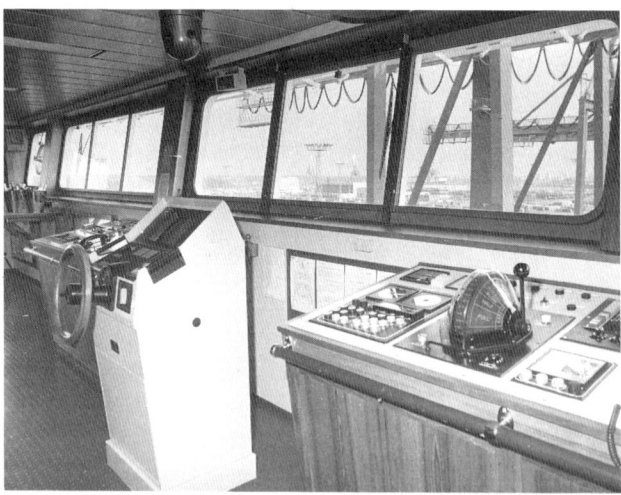

Die Brücke eines Containerfrachters: Links das Ruder – rechts der Maschinentelegraf

Volle Kraft voraus

Auf der Brücke gibt es zahlreiche Kontrollanzeigen und Schalter für einen optimalen Schiffsbetrieb. Dazu gehört auch der Druckknopf für das Schiffstyphon, mit dem der Kapitän Warnsignale oder Grüße geben kann. Die Sirene der Dampfer haben allerdings heute Preßluft- oder elektrische Signalgeber ersetzt. Wichtig ist auf der Brücke auch die Sprechanlage, die dem Kapitän als „Master next God" erlaubt, mit jedem Besatzungsmitglied im Maschinenraum, auf Deck und im Laderaum zu sprechen und dabei Anweisungen zu erteilen. Zur Kommunikation zwischen Brücke und Maschinenkontrollraum dient trotz modernster Technik auch heute noch ein einfaches Rohr mit einem Trichter an beiden Enden. Das funktioniert selbst bei einem „Blackout", einem Zusammenbrechen der Stromversorgung an Bord.

Die Verständigung über die vom Kapitän gewählte Fahrtstufe des Schiffsantriebes erfolgt über den Maschinentelegraf, der immer noch ein Schmuckstück der Schiffsbrücke ist. „Volle Kraft voraus" oder „Äußerste Kraft zurück" wird hier feingestuft übermittelt. Diente dieses Gerät in der Anfangszeit der Motorschiffahrt ausschließlich der Nachrichtenübertragung an den Maschinisten, so wird im wachfreien Betrieb, bei dem der Maschinenkontrollraum nur noch zeitweise besetzt ist, vom Kapitän die Steuerung der Maschinenleistung selbst vorgenommen.

Zu den Kommunikationseinrichtungen an Bord zählen Funkgeräte, mit denen eine Sprechfunkverbindung von jedem Punkt der Erde mit der Heimat möglich ist. Das ist aber weniger der Fürsorge der Reedereien zu verdanken, um Heimweh der Besatzungen zu vermeiden, sondern vor allem, um ständigen Kontakt mit dem Schiff zu halten und das Eintreffen der Ladung sowie neue Befrachtung planen zu können. Auch Fernschreiber und Wetterkartenempfänger gehören zur Ausstattung. Darüber hinaus haben auch handliche Funkgeräte, vor allem für die Kontrolle der Anlegemanöver und des Löschens Einzug gehalten. Gelöscht wird zwar auch ein brennendes Schiff – in der Regel heißt dies in der Seefahrt aber, daß ein Schiff normal im Hafen entladen wird.

Je nach Schiffsgröße gibt es neben dem Kapitän den Ersten, Zweiten und Dritten Offizier, den Chief, wie heutzutage ein Maschinist heißt, der wie der Kapitän eine akademische Ausbildung zur optimalen Wartung und Einstellung nicht nur des Antriebes, sondern der gesamten Bordtechnik benötigt. Sein Arbeitsplatz gleicht auf größeren Schiffen eher dem Steuerstand eines Großkraftwerkes, und mit dem Schalten und Regeln gigantischer Leistungen hat er es ja auch zu tun. So ein Passagierschiff benötigt nur an elektrischer Energie für die Beleuchtung, für die Küchen und die Klimaanlagen eine Anschlußleistung von 6000 Kilowatt. Das ist einschließlich der Antriebsenergie, die beispielsweise die Dieselgeneratoren der „Queen Elizabeth 2" für die großen Elektrohauptantriebsmotoren erzeugen, mit mehr als 90 Megawatt so viel wie der Stromverbrauch einer Stadt.

Weitere Dienstgrade sind der Funker, der trotz Satellitentechnik mit Telefondurchwahl auf größeren Schiffen immer noch mitfahren muß, der Steuermann, der den Kurs auf dem geschrumpften Steuerrad einstellt, und die Schiffsbetriebsmechaniker, wie heute die Matrosen heißen, als Facharbeiter an Bord. Dazu kommen noch Stewards oder Stewardessen zur Bedienung auch der Mannschaftsgrade an Bord vieler Frachtschiffe. Das Hotel-Personal vom Zahlmeister bis zum Stubenmädchen, vom Küchenchef bis zum Unterhaltungsprogramme ausarbeitenden Cruise-Direktor gibt es auf allen Passagier-Fähren und Kreuzfahrtschiffen.

Nach der Größe des Schiffes richtet sich die Zahl der Arbeitsplätze. Festgelegt ist sie für deutsche Schiffe in der Schiffsbesetzungsordnung. Weil Personal teuer ist – etwa ein Drittel der Schiffsbetriebskosten sind Personalkosten –, versuchen die Reeder hier mit einer möglichst geringen Beschäftigtenzahl auszukommen. Immer mehr Frauen drängen in die seemännischen Berufe – und das keineswegs nur als Bedienungs- und Küchenkräfte. So gibt es weibliche Schiffsbetriebsmechaniker und Kapitäne.

An Bord eines modernen Containerfrachters arbeitet in der Regel eine 17köpfige Besatzung, auf einem Kreuzfahrtschiff können es durch das Bedienungspersonal mehr als 500 sein. Größere Besatzungsstärken brauchen auch die Fischereifabrikschiffe für die Verarbeitung des Fanges. Hier rechnet man mit einer Besatzungsstärke von mehr als 50.

Kleine „Knotenlehre"

Während an Land bald nur noch im metrischen System gemessen wird, halten Seeleute an alten Traditionen fest. Die Seemeile mit 1852 Metern als genau der 60. Teil eines Meridiangrades – also eine Meridianminute – ist das Maß aller nautischen Dinge. Entfernungen werden an Bord immer in Seemeilen berechnet, die sich mit dem Kartenzirkel auf den speziellen Seekarten leicht abgreifen lassen. Auch bei der Geschwindigkeit halten die Seeleute an dieser Maßeinheit fest. Nur statt Seemeilen pro Stunde sagt man hier ‚Knoten'.

Ein Frachter macht so zwischen 11 und 20 Knoten (20 bis 37 Kilometer pro Stunde), während ein moderner Containerfrachter schon bis zu 24 Knoten schnell sein kann. Schnelle Katamarane schaffen ab 35 und ein ganz neues, von der Hamburger Werft Blohm + Voss erprobtes 35 Meter langes Mehrzweckboot bringt es sogar auf 55 Knoten (102 Kilometer pro Stunde). Der Begriff ‚Knoten' stammt von der mit Knoten markierten Logleine, mit der zuerst die Engländer die Geschwindigkeit ihrer Segler maßen. Dafür gab es spezielle Sanduhren. Bei einem 14-Sekunden-Glas war der erste Knoten der am Heck herabgelassenen Leine bei einer Länge von 6,84 Meter angebracht. Wurde er erreicht, hatte das Schiff eine Geschwindigkeit von einer Seemeile pro Stunde oder eben einem Knoten.

Schnell und mit Luftkissen: die „Corsair"

13

Seekrankheit inbegriffen

Das Schiff kann sich in viele Richtungen bewegen. Nicht nur empfindliche Menschen, die schon einmal von der Seekrankheit an Bord eines Schiffes heimgesucht worden sind, können ein Lied davon singen. Passagierschiff-Reedereien weisen in ihrer Werbung gerne auf die Stabilisatoren hin, die das Schaukeln des Schiffes dämpfen und den Komfort steigern sollen. Der Seekrankheit macht dies allerdings nicht viel aus: Sie ist eine Gleichgewichtsstörung und nichts schlimmes – auch wenn ihre Opfer im fortgeschrittenen Stadium lieber sterben möchten. Fahrensleute, die in ruppiger See nach einem Landaufenthalt davon auch angesteckt werden können, haben allerlei Ratschläge als Allheilmitel auf Lager. Am besten helfen in der Regel jedoch nicht Speckschwarten, sondern Reisetabletten und ein Aufenthalt an Deck. Die Stabilisatoren wirken kaum Wunder: Sie bremsen die Schiffsbewegung manchmal ruckartig und verschlimmern damit unter Umständen die Auswirkungen.

Schiffe können stampfen, krängen, gieren und rollen. Das kommt ganz auf die Richtung dieser durch den Seegang verursachten Bewegung an. Rollen ist die Bewegung um die Längsachse (an Land würde man das als seitliches Schaukeln bezeichnen). Stampfen wird das Eintauchen des Rumpfes nach einem Wellenberg bezeichnet oder die Bewegung um die Querachse, während Gieren die Bewegung um die Hochachse ist. Krängen ist eine seitliche Schieflage des Schiffes, verursacht durch die Ladung. Um das zu vermeiden, werden die Schiffe getrimmt. Das geschieht durch Ballast, also unbezahltes, eigentlich unnützes Gut nur für den Gewichtsausgleich.

Ein Schiff fährt in Ballast, wenn es nur wenig geladen hat oder ganz abgeladen ist, um die Seegangseigenschaften aufrechtzuerhalten. Dabei soll auch der Propeller – denn Schrauben heißen die Antriebselemente der Schiffe nicht – möglichst nicht in die Luft schlagen. Große Ballasttanks brauchen Fähren, aber auch Tankschiffe zum Ausgleich ungleicher Ladung. Über starke Pumpen werden sie mit See-Wasser gefüllt. Möglich ist aber auch ein interner Ausgleich durch ein Hin- und Herpumpen zwischen den Tanks im Schiffsrumpf. Das nutzen beispielsweise Eisbrecher, die sich durch solches in der Seefahrt sonst verpöntes

Schaukeln durch meterdickes Packeis drücken können.
Eis ist für ein Schiff etwas Übles.
Man muß nicht gerade an den Untergang der „Titanic" denken, die mit einem Eisberg kollidierte. Eisberge, von denen nur die bekannte Spitze aus dem Wasser schaut und durch Radar zu orten ist, verstecken mehr als zwei Drittel unter der Wasseroberfläche. Diese Massen sind so gigantisch, daß Schiffe bei einer Kollision aufgeschlitzt werden könnten. Ein eigener Eis-Warndienst ist für Schiffe, die in die Nähe der Polarregionen kommen, aufgebaut. Er warnt nicht nur vor Eisbergen, sondern auch vor der von Wind, Strömung und Temperatur abhängigen Eisschollendrift. Das Wasser in den Polarregionen hat dank des Salzgehaltes eine Temperatur – sonst wäre es ja auch kein Wasser – von minus 2 Grad Celsius. Viele Frachter, die auf den Weltmeeren in Kontakt mit Eisschollen kommen könnten oder beispielsweise auch im Winter auf der Ostsee eingesetzt werden, haben Eisverstärkung. Dafür gibt es unterschiedliche Klassen. Durch Verstärkung des Stevens und der Außenhaut sowie einer überdimensionierten Antriebsanlage kann das Schiff eissicherer gemacht werden. Gegen Packeis hilft aber auch das nichts: Ein im Eis eingeschlossenes Schiff wird durch die gewaltigen Kräfte langsam zerdrückt.

Der breite Bug schneidet sich durch das Eis: Modell des Eisbrechers „Kapitän Sorokin", der in Emden umgebaut wurde

Ewiger Rhythmus: Ebbe und Flut

An jeder Meeresküste gibt es Gezeiten. Der Mond übt hier seinen Einfluß aus und sorgt zweimal täglich für das Zurückweichen des Wassers bei Ebbe und das Auflaufen bei Flut. Das spielt sich alles in einem

Rhythmus von knapp sechseinhalb Stunden ab. Durch die Mondanziehung gibt es zwei Flutberge, die um die Erde wandern. Auch die Sonne übt ihren Einfluß aus. Wenn Mond und Sonne in einer Richtung stehen, gibt es einen erhöhten Wasserstand. Man spricht von Springflut; stehen sie einander gegenüber, hebt sich die Wirkung auf. Die geringer auflaufende Flut, zu der es zweimal in einer Mond-Periode von 28 Tagen kommt, heißt Nipp-Tide. Um die astronomische Exkursion perfekt abzuschließen: Springfluten sind bei Voll- und Neumond, Nipptiden beim ersten und letzten Mondviertel. Weil aber die Gezeiten träge sind, gibt es in unseren Breitengraden eine dreitägige Verschiebung dieser Extremwerte.

Mit der aktuellen Jahres-Tabelle kann man die aktuelle Hochwasserzeit bestimmen. Riesige Rechenmaschinen waren für die komplizierte Gezeitenberechnung erforderlich, weil zahlreiche astronomische, hydrologische und geophysikalische Werte zu berücksichtigen sind. Der gigantische mechanische Gezeitenrechner – ein technisches Wunderwerk seiner Zeit – steht heute ausgemustert im Deutschen Schiffahrtsmuseum in Bremerhaven. Er ist längst durch einen Computer ersetzt, der für die Berechnung der Jahrestafel eines Küstenstandortes nicht mehr einen ganzen Tag braucht. Für die Leute an der Küste sind die Gezeiten sehr wichtig. Viele Häfen sind bei Ebbe für große Schiffe nicht erreichbar. So können Großtanker Wilhelmshaven nur auf der Flutwelle erreichen. Der Witz mit dem ostfriesischen Makler, der bei Ebbe immer große Watt-Grundstücke verkauft, ist alt. Watt ist übrigens das schlickige Gebiet, das bei Ebbe an der Nordseeküste trockenfällt.

Wichtig ist auch, wie hoch das Wasser aufläuft. Im Herbst und Frühjahr kann bei Orkan mit Sturmfluten gerechnet werden. Ohne Deiche wäre dann längst die gesamte Küstenregion, die teilweise noch unterhalb des Niedrigwasser-Spiegels liegt, überflutet. Die Fachleute des Deutschen Hydrographischen Institutes geben nach den Angaben der Meteorologen über Windrichtung Sturmflutwarnungen heraus. Sie müssen dazu Gezeiten, Wellenhöhen, Wasserstau und Strömung berücksichtigen.

Unterschiedlich an den Küsten ist der Gezeitenstrom und auch der Tidenhub. In Bremerhaven macht der Unterschied 3,7 Meter aus, in

Hamburg-St. Pauli sind es 3,4 Meter, auf Helgoland 2,4 Meter und auf Sylt 1,8 Meter.

An der Ostsee sind die Gezeitenunterschiede kaum zu erkennen, der Windeinfluß ist größer. Das hängt mit der verhältnismäßig schmalen Verbindung zum Atlantik am Kattegat zusammen. Im Ärmelkanal sind die Gezeitenunterschiede deutlich höher. Bis 12 Meter werden erreicht. Der weltweit größte bekannte Tidenhub wurde mit 20 Meter in Neufundland gemessen.

Auch ein Laie kann leicht erkennen, ob Ebb- oder Flutstrom ist: Verankerte Boote drehen sich mit ihrem Bug immer gegen den Strom. Die Fahrwassermarkierungen wie die Bojen weichen dagegen dem Wasserdruck und legen sich schräg in Stromrichtung. Zwischen Flut und Ebbe gibt es eine etwa halbstündige Ruhezeit, den Stau, der eintritt, wenn die Gezeiten kentern.

Ein Seenotkreuzer der Deutschen Gesellschaft zur Rettung Schiffbrüchiger

17

Der Gezeitenstrom ist keineswegs zu vernachlässigen. Er kann an einzelnen Stellen in der Deutschen Bucht bequem Geschwindigkeiten von mehr als acht Kilometer pro Stunde erreichen. Viele Badegäste denken nicht daran und schwimmen trotz einsetzender Ebbe hinaus. Das ist genauso gefährlich, wie sich auf einer Luftmatratze dann ins Wasser zu begeben. Der Sog kann so erheblich sein, daß man nicht mehr dagegen ankommt. Die vielen Helfer der Deutschen Lebens-Rettungs-Gesellschaft (DLRG) und der Deutschen Gesellschaft zur Rettung Schiffbrüchiger (DGzRS) können von sommerlichen Hilfseinsätzen für trotz Warnung leichtsinnigen Badegästen ein Lied singen.

Die See ist meistens alles andere als ruhig. Wind und Strömung sorgen für Wellen, die erhebliche Energie transportieren. In der Brandung oder bei Sturmfluten bekommt man einen kleinen Geschmack davon, welche Kräfte da schlummern. Die Windstärke wird zwar ganz genau in Kilometer pro Stunde gemessen, doch die Einteilung der alten Beaufort-Skala bis Windstärke 12 für Orkan (und 120 Kilometer pro Stunde) gilt nach wie vor, obwohl nach diesen Kriterien Orkane bis Windstärke 17 schon gemessen wurden. Auch für die Naturgewalt des Wassers gibt es eine ähnliche Einteilung nach Petersen. Die Skala reicht von 0 (glatte See) bis 9 (äußerst schwere See). Im Atlantik muß man bei Orkan mit Wellenhöhen von vier Metern rechnen, die durchschnittliche Wellenlänge in diesem Fahrtgebiet beträgt übrigens 90 Meter. Beobachtet wurden schon Wellenhöhen von 16 Meter und auch – im bei Unwettern keineswegs ruhigen – Pazifik 20 Meter. Durch Seebeben sind auch größere Wellen möglich. Moderne Schiffe kentern aber allein durch Seegang wohl kaum.

Prüfplakette der deutschen Klassifikationsgesellschaft Germanischer Lloyd

Prüfplakette für Schiffe

Sicherheit wird an Bord von Schiffen großgeschrieben. Um so erstaunlicher ist, daß es dennoch zu Unglücken kommen kann. Jedes Schiff muß eine Zulassung haben, die der Prüfplakette bei Autos entspricht. Die Klassifikationsgesellschaften sorgen dafür, daß das Wasserfahrzeug seetauglich ist. Die Besichtiger – so heißen die Kontrolleure – nehmen das Schiff während der fälligen Inspektionen im Abstand von ein bis maximal vier Jahren je nach Typ unter die Lupe und sehen sich alle Roststellen sehr genau an. Auf deutschen Schiffen und in deutschen Häfen kontrolliert die Seeberufsgenossenschaft die Einhaltung der Sicherheitsregeln. Dazu gehören die Ausstattung mit Rettungsbooten, Fluchtwege und Brandbekämpfung.

Neben dem Untergang eines Schiffes fürchtet ein Seemann ein Feuer an Bord. Für beides gibt es erhebliche Vorkehrungen. Der Schiffsrumpf ist in wasserdichte Abteilungen eingeteilt, die automatisch abgeschottet werden können. Bei einer Havarie oder Kollision bleibt das Schiff schwimmfähig. So beispielsweise das Kreuzfahrtschiff „Maksim Gorkiy", dessen Rumpf von einer Eisscholle auf mehr als 14 Meter aufgerissen wurde. Obwohl mehrere Abteilungen überflutet waren, konnte das Schiff mit eigener Kraft den nächsten Hafen erreichen. Solche Schotten sorgen auch für den Brandschutz. Eine Vielzahl von Feuermeldern, die in einer eigenen Zentrale auf der Brücke auflaufen, sind nicht nur an Bord von Passagierschiffen installiert. Bei einem Brand kann der betreffende Bereich mit Kohlendioxid oder Halon zur Erstickung der Flammen ‚geflutet' werden.

Hospital und Ferndiagnosen

Ein „Hospital" gibt es auf den meisten Schiffen. Allerdings praktiziert auf dieser Krankenstation kein Doktor. Erst Schiffe mit einer Besatzung von mehr als 75 Mann benötigen einen eigenen Bordarzt. Sonst übernimmt ein in Erster Hilfe besonders ausgebildeter Offizier diese Funktion mit. In dringenden Fällen, wenn kein Hafen erreichbar ist und ein Arzt von Land oder einem großen Schiff nicht rechtzeitig eintreffen kann, wird an Bord vieles selbst erledigt. Eine sehr gut ausgestattete Bordapotheke und chirurgisches Besteck sind dafür vorhanden. Deutsche Schiffe holen sich über Funk Rat im Cuxhavener Krankenhaus. Hier steht für sie ein besonders ausgebildeter Arzt zur Beratung rund um die Uhr für Notfälle bereit. Nach der Ferndiagnose wird die medikamentöse Versorgung abgesprochen. Da die einheitliche Ausrüstung der

Bordapotheke vorgeschrieben ist, muß nur die Nummer der Medizin angegeben werden. An Bord der Ostsee- und der Kanalfähren gibt es keinen Arzt. Hier ist von Land aus die Versorgung mit einem Hubschrauber auf jedem Punkt der Route innerhalb von höchstens 30 Minuten möglich. Diese Fähren besitzen eine Landemöglichkeit oder einen Absetzpunkt an Deck.

Auf Kreuzfahrtschiffen werden Luxusausführungen von Rettungsbooten vorgesehen. Diese sogar mit Klimaanlagenanschluß versehenen Boote werden als Tenderboote zu Landausflügen genutzt, zählen aber zu den Rettungsmitteln. Grund: Auf jedem Schiff müssen mehr Plätze in den Rettungsbooten als die maximale Personenzahl an Bord bereitstehen. Das Schiff könnte nach einer Havarie Schlagseite haben, und dann können die an Davits aufgehängten Boote nicht zu Wasser gelassen werden. Für Fähren, die leicht auf mehr als 2000 Passagiere kommen können, hat man Notrutschen konstruiert. Nur mit diesen auch in der Luftfahrt üblichen Rutschen können sehr schnell die Passagiere von Bord evakuiert werden. Schwimmwesten, Rettungsflösse und -inseln, die sich von selbst im Wasser aufblasen und im Notfall auch in hoher See Schutz geben, gehören zu den weiteren Rettungsmitteln.

Mittschiffs am Heck das Freifall-Rettungsboot dieses Containerfrachters

SOS – so lautet das internationale Seenotsignal als Kurzformel für „Save Our Souls''. Längst wird es nicht mehr per Morsetaste gegeben. Die Schiffe sind mit Seenot-Sendern ausgerüstet, die automatisch arbeiten und zur Standortbestimmung angepeilt werden können. Vorschrift wird es darüber hinaus, automatische Sonden einzusetzen. Ihr Notsignal wird mit der Standortbestimmung und der Schiffskennung von einem weltweit arbeitenden Satellitennetz registriert und zur nächsten Seenotrettungszentrale weitergeleitet. In der Bundesrepublik ist dies die Leitstelle der Deutschen Gesellschaft zur Rettung Schiffbrüchiger in Bremen. Sie deckt nicht nur den Bereich der deutschen Nord- und Ostsee ab, sondern koordiniert Rettungsaktionen auch weit darüber hinaus.

Auf modernen Frachtschiffen fallen die signalfarbenen Rettungsboote am Heck auf. Bei diesen schräggestellten, auf Schienen ablaufenden Booten handelt es sich um Spezialkonstruktionen. In einem Seenotfall geht die Besatzung in dieses kentersichere und wasserdicht verschlossene Boot. Nach der Entriegelung saust es ins Wasser. Die Freifallboote, in denen man sich für den rauhen Start anschnallen muß, geben eine größere Sicherheit.

Regelmäßige Rettungsübungen gehören zum Programm der Besatzungen. Auf Passagierschiffen sind sie sogar mit den zahlenden Gästen vorgeschrieben.

Schornstein als Zierde

Das überflüssigste an jedem modernen Schiff ist der „Schornstein''. Zu Zeiten der Dampfer war dieser dicke Schlot erforderlich, um den Rauch ins Freie zu befördern. Dieses dicke Zugrohr ist heute für die Dieselmotoren, deren Abgase zur Nutzung der Abwärme vorher sogar noch aufgefangen werden, nicht erforderlich. Doch jedes Schiff muß ein solches Gebilde zieren, auch wenn sich dünne Abgas- und Abluftrohre hinter den Blechen verstecken. Die Dampfer-Reedereien nutzten die rußgeschwärzte Fläche zur Bemalung mit ihrem Signet als Schornsteinmarke. Da konnten die Segelschiffe mit ihren dünnen Masten nicht mithalten. Zwei oder gar drei Schornsteine waren für ein großes Passagierschiff nichts Ungewöhnliches. Gerade Kreuzfahrtreedereien lassen sich auch heute noch imposante Konstruktionen einfallen: Der „Schornstein" ist für die Schiffskosmetik so wichtig wie die Nase im Gesicht eines Menschen.

Um Zweckmäßigkeit geht es bei der Betrachtung, womit man denn ein Schiff überhaupt antreibt. Bei den Seglern gab es schon unterschiedliche Parteien, die auf Schoner oder Rahsegler eingeschworen waren. Auf diese grundlegenden Segler-Typen kommen wir noch später. Die langsamlaufende Dampfmaschine sorgte bei den ersten Motorschiffen für eine einheitliche Front gegenüber den windabhängigen Seglern, auch wenn hier das Problem des Kohlebunkerns gelöst werden mußte. Wahrlich verpulvert wurde hier die Energie: Die Heizer mußten im Akkord die Kohle in die unersättlichen Heizkesselschlunde schaufeln. Am Tag brauchte ein großer Dampfer an die 198 Tonnen Kohle. Asche und Schlacke wurden in die See gekippt. Der erzeugte Wasserdampf wurde bei immer weiter verfeinerter Technik zuletzt sogar zum Antrieb von Dampfturbinen genutzt, die erheblich höhere Leistungen erreichten. Diese Turbinen ähnelten denen von Kraftwerken, nur daß über Getriebe die mechanische Energie ohne Umwandlung in Elektrizität direkt zum Antrieb des Propellers genutzt wurde.

Mit Dampf über die Ozeane

Die Schiffahrt blieb dem Dampf lange treu. Auch Kesselexplosionen, zu denen es durch Korrosion der Wandungen der mit erheblichem Überdruck betriebenen Dampfanlage kommen konnte, schreckten nicht. Später wurden sogar mit Öl befeuerte Dampfturbinen erfolgreich eingesetzt. Diese arbeiten auch an Bord von einigen Containerfrachtern. Bei der mit Gasturbinen ausgerüsteten Jumbo-Fähre „Finnjet", die Passagiere und Fahrzeuge in weniger als 24 Stunden über 1500 Kilometer Entfernung von Travemünde nach Helsinki befördert, nutzt man Aggregate zum Antrieb des Propellers, die Düsenflugzeugtriebwerken ähnlich sind und eine Leistung von 75000 PS haben.

Ein ganz anderer Entwicklungszweig sind die Dieselmotoren, die auf fast allen Schiffen heute eingesetzt werden. Doch so einfach lassen sich diese nicht für den Antrieb nutzen. So ein Schiffspropeller soll höch-

*Der 322 Tonnen
schwere Haupt-
motor für einen
Containerfrach-
terneubau wird
verladen*

stens eine Drehzahl von 100 Umdrehungen in der Minute haben, um
optimal zu arbeiten. Ein normaler Diesel ist aber viel schneller. Mit
Untersetzungsgetrieben kann man die Drehzahl anpassen. Das war bei
dem wachsenden Leistungsbedarf immer schnellerer und größerer
Schiffe ein ständiger Wettlauf der Getriebehersteller. So ein Schiffsge-
triebe, dessen Zahnräder für die gewaltige Kraftübertragung mit Öl
gekühlt werden müssen, erreicht beachtliche Größe. Dazu kommen dann
noch die Kupplungen – schließlich soll ein Schiff ja auch rückwärts fahren können oder der Hauptmotor auch im Leerlauf arbeiten. Der Motor
ist über Kupplung und Getriebe mit einer in einem Stevenrohr laufenden gutgeschmierten Welle verbunden. Statt einem Propeller haben die
meisten Schiffe zwei – nicht mitgerechnet den maßgeschneiderten
Reservepropeller, der an Deck gelagert wird. Das dient nicht nur der
höheren Sicherheit, sondern ermöglicht die Aufteilung der gewünschten Motorenleistung auf zwei Antriebsstränge.

Antrieb mit Vater und Sohn

Noch raffinierter sind die Vater-Sohn-Konzepte. Dabei kann die Leistung von zweimal zwei Motoren über spezielle Getriebe in beliebigen Leistungskombinationen auf die Propeller gegeben werden. Das wird gerne bei Passagierschiffen und Fähren genutzt. Leistungsverringerung oder Ausfall eines Motors stört dann weniger. Vor allem ist aber eine optimale Anpassung der Motorenleistung an die gewünschte Fahrtstufe möglich: Man kuppelt einfach Motoren ab.

Optimal arbeiten die großen Schiffsmotoren nur innerhalb eines sehr eng begrenzten Drehzahlbereiches. Am liebsten ist den Schiffsmotoren eine konstante Drehzahl. Dennoch, eine feinfühlige Geschwindigkeitsregelung des Schiffes kann man über Verstellpropeller erreichen. Mit ihnen läßt sich sogar die Kupplung für Vor- und Rückwärtsfahrt einsparen. Über eine Hydraulik wird der Anstellwinkel der Propellerflügel verstellt. Angelassen wird ein Schiffsdiesel übrigens mit Druckluft, die die Kolben zum Anlaufen zwingt.

Eine andere Entwicklung zu immer größeren, aber möglichst sparsamen Schiffsmotoren sind die langsamlaufenden Schiffsdiesel, die auf eine Drehzahl von unter 70 Umdrehungen pro Minute kommen. Gigantische Maschinen arbeiten in den Schiffen. Über mehrere Decks erstrecken sich die Zweitakter-Diesel in den Super-Containerfrachtern der American President Lines für mehr als 4400 Container-Einheiten, die bei der Bremer Vulkan AG gebaut wurden. Kleinere Containerfrachter, beispielsweise die erfolgreiche „BV 1600''-Serie, von der 24 Einheiten im Lande Bremen gebaut wurden, haben kleinere Hauptmotoren mit sechs Zylindern. Der Verbrauch dieser schneller laufenden Viertakt-Diesel mit etwa 111 Umdrehungen in der Minute beträgt 23 Tonnen pro Tag. Umgerechnet auf die Leistung sind das nur 125 Gramm pro Kilowattstunde: Automotoren sind keineswegs sparsamer. Schiffe nutzen außerdem das billigere Schweröl als Treibstoff: Es ist bei niedrigen Temperaturen aber ausgesprochen zähflüssig. Aus dem Bunker, so der Fachausdruck für die Treibstofftanks, wird der Brennstoff über Heizanlagen und Filter gepumpt und motorengerecht aufbereitet.

Nun erzeugen die großen Schiffsmotoren trotz ihrer Lagerung auf

Gummi und Schwingmetall immer noch erhebliche Vibrationen, die der Stahlrumpf gut weiterträgt. Auch die Regelung des Schiffsantriebes ist bei großen Fahrzeugen gar nicht so optimal zu lösen. Findige Techniker kamen so bereits in der Anfangszeit des Dieselmotoreneinsatzes auf den sogenannten dieselelektrischen Antrieb. Man setzt schnellaufende Motoren, deren Vibrationen auch leichter zu dämpfen sind, zum Antrieb eines Generators ein. Die erzeugte elektrische Energie treibt dann wiederum einen Elektromotor an. Feingestuft kann man die Drehzahlregelung des Propellermotors betreiben, wobei die Dieselmotoren trotzdem mit konstanter Drehzahl betrieben werden. Das Kreuzfahrtschiff „Queen Elizabeth 2" erhielt ein solches Antriebsprinzip nachgerüstet. Neun Dieselmotoren, die je nach Leistungsbedarf mit ihren Generatorsätzen zugeschaltet werden können, liefern die Energie für die zwei riesigen Drehstromgeneratoren, die die beiden fünfflügeligen Propeller mit einem Durchmesser von 5,8 Meter antreiben. Diese gewaltige elektrische Leistung von mehr als 90 Megawatt wird von der Maschinenbetriebszentrale mit modernster Technik ferngesteuert geschaltet. Die Passagiere merken nicht, wenn das Schiff auf volle Voraus-Fahrt hochgeschaltet wird. Die Dieselmotoren konnten ideal schall- und vibrationsarm an günstiger Stelle montiert werden. Außerdem ist für den Hotelbetrieb ohnehin eine erhebliche elektrische Leistung erforderlich, die so gemeinsam mit dem Antriebsbedarf erzeugt wird.

Das dieselelektrische Prinzip, bei dem Getriebe und Kupplung entfallen und der Antriebsmotor nicht in einer Flucht mit dem Propeller liegen muß, hat jedoch einen Nachteil: Der Wirkungsgrad ist geringer. Optimalste Regeltechnik, die es allerdings erst heute gibt, und mit der Ströme von vielen hundert Ampere und Spannungen von mehr als 10000 Volt geschaltet werden können, kann dieses Handikap verringern.

Kraftwerk an Bord

Ohnehin geht es an Bord ohne Regeltechnik nicht mehr. Die zahlreichen Hilfsantriebe sorgen für die elektrische Energie, auch wenn das Schiff ruhig an der Pier liegt. Ausgenutzt wird die Hauptmotorenleistung mit einem Wellengenerator. Der hat gar nichts mit Brandung zu tun: Die

Antriebswelle treibt vielmehr einen großen angekuppelten Generator mit an. Das funktioniert natürlich nur, wenn der Hauptantrieb arbeitet, das Schiff also in Fahrt ist. Man könnte dies Prinzip mit der Lichtmaschine in einem Auto vergleichen. Und da wir gerade bei Straßenfahrzeugen sind: Auch in der Schiffahrt gilt als Leistungsangabe für Motoren statt der Pferdestärke inzwischen das Kilowatt.

An Bord gibt es eine Reihe von Großverbrauchern. Dazu gehört beispielsweise das Bugstrahlruder. Es erleichtert dem Kapitän auch in engen Gewässern das Manövrieren und besteht aus einem Querrohr durch den Rumpf in Bugnähe, in das ein Propeller eingebaut ist. Dieser Propeller, der elektrisch oder hydraulisch angetrieben wird, schiebt durch den erzeugten Querstrahl das Schiff in die gewünschte Seitenrichtung. Das An- und Ablegen wäre so ohne Schlepper-Hilfe möglich. Große Passagierschiffe und Fähren, deren Rumpffläche es mit der Segelfläche der „Gorch Fock" allemal aufnehmen und bei denen sich der Winddruck unangenehm bemerkbar macht, verfügen über mehrere Bugstrahlruder und manchmal auch entsprechende Querstrahleinrichtungen am Heck.

Am Schiffsrumpf kann man deutlich erkennen, ob und wo der Querstrahlantrieb angebracht ist. Auf der Außenhaut ist an der jeweiligen Position, aber deutlich oberhalb der Wasserlinie, eine entsprechende Markierung angebracht. Symbolisiert wird dies durch einen Kreis mit einem Kreuz.

Da wir gerade bei den Schiffsmarkierungen sind: Am Bug auf beiden Seiten und quer über die Heckpartie findet man den Schiffsnamen, am Heck zusätzlich den Heimathafen. Am Brückenhaus ist der Schiffsname ebenfalls zu finden, bei Namen in kyrillischer oder anderen exotischen Schreibweisen zusätzlich im international lesbaren Englisch. Markierungen für Schlepper und die Lotsen-Leitern sind ebenfalls auf der Außenhaut angebracht, deren Unterwasserschiff durch einen farblich abgesetzten Wasserpaß abgegrenzt wird. Am Bug gibt es Tiefgangsmarken, meist mit Dezimeter-Einteilungen. Beim Be- oder Entladen kann dann abgelesen werden, wie tief das Schiff bereits im Wasser liegt.

Auch die Lademenge kann der Kapitän aus dieser Peilung abschätzen.

Der Bug hat einen Wulst

Eine weitere Information, die für assistierende Schlepper und Hafenverwaltung wichtig ist, gibt das einen Wulstbug signalisierende Symbol. Der versteckt sich unter Umständen unter der Wasseroberfläche – dennoch ein Grund, sich mit diesen heute üblichen eigenartigen Bug-Gebilden zu befassen. Fast senkrecht nach oben verlief die Bugform der sogenannten „Liberty"-Schiffe, die in den USA während des Zweiten Weltkrieges quasi in Fließbandfertigung im Wochentakt vom Stapel liefen. Bei diesen Schiffen kam es nicht auf Schönheit und Optimierung, sondern auf schnelle Fertigung und Zweckmäßigkeit an. Allerdings wurde diese Stevenform bereits 1840 in den USA erstmalig eingesetzt. Richtig schwungvoll wurde der Steven durch den Maierbug. Die bereits unter Wasser sehr ausfallende Form reduzierte den Wasserwiderstand. Um 1930 wurden die ersten Frachtschiffe mit diesem Bug gebaut. Erhebliche Ansprüche werden heute an die Bugform gestellt. Sie soll bei Seegang Wellen und natürlich auch weitgehend Gischt abweisen, soll die Schiffslinien zu einem möglichst großen Laderaum führen, ästhetisch wirken und Stampfschwingungen nicht

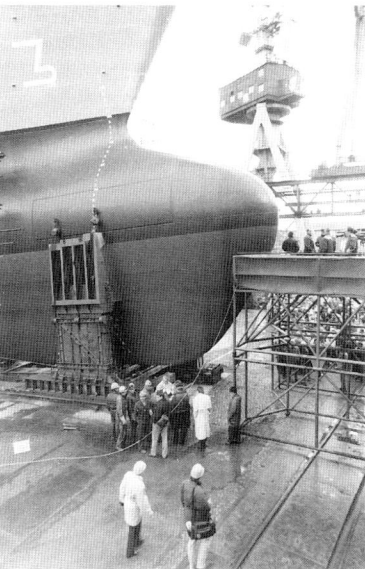

Beim Stapellauf an Land gut
zu erkennen: der Wulstbug

erhöhen. Üblich sind nun außer für Binnenschiffe Stevenkonturen, die eine mäßig geschwungene, fast S-Kurve haben. Diese wird durch einen nasenförmigen Vorbau, dem heute meist üblichen Wulstbug, verziert. Selbst Küstenmotorschiffe haben einen solchen Vorbau. Er reduziert durch sein Volumen mit einem höheren Auftrieb des Vorschiffes das Eintauchen in die Wellen. Das kommt nicht nur den Seegangseigenschaften, sondern auch dem Antriebsleistungsbedarf zugute. Außerdem verringert eine optimierte Wulstform den Wasserwiderstand.

Und da wir gerade beim Steven sind: Der Kiel ist das Rückgrat eines Schiffes. Doch einen richtigen Kiel haben eigentlich nur noch Segelschiffe. Bei den windangetriebenen Schiffen braucht man ein solches Gegengewicht. Der für Frachter übliche Flachkiel stabilisiert die Geradeausfahrt des Schiffes, ist aber kaum als tiefster Punkt auszumachen, weil alle modernen Frachter ein sehr fülliges Unterwasserschiff haben. So ist Platz für ein größeres Ladevolumen, das bei V-förmiger Schiffsform erheblich geringer wäre.

Im Rumpf befindet sich am tiefsten Punkt des Schiffes die Bilge. Hier sammelte sich auf den hölzernen Schiffen Leckwasser an, das dann außenbords gepumpt wurde. Auf modernen Schiffen ist hier vor allem Schwitzwassser und ein Gemisch aus Öl-Resten von Schmierstoffen und Brennstoffen zu finden sowie von Undichtigkeiten aus dem Wellentunnel. Dieses Gemisch muß ordnungsgemäß entsorgt werden.

Umweltschutz an Bord

Umweltschutz wird großgeschrieben. Internationale Vorschriften verlangen von den Kapitänen besondere Sorgfalt, auch wenn es noch immer die Möglichkeit gibt, außerhalb nationaler Gewässer den Müll einfach über Bord zu schmeißen. Passagierschiffe haben hier kaum Chancen. Sie müssen inzwischen mit bordeigenen Müllverbrennungs- und Kläranlagen ausgerüstet sein. Glas-, Metall und Aschereste werden an Bord gelagert und im Hafen entsorgt. Da kommen auf einer Reise auf einem großen Kreuzfahrtschiff schon erhebliche Müllmengen zusammen. Aber auch die Versorgung eines Passagierschiffes ist so einfach nicht. Erhebliche Mengen an Lebensmitteln müssen für die Reisen in den

Kühlräumen gebunkert werden. Das Trinkwasser wird über eine eigene Anlage durch Verdampfung und Aufbereitung des Meerwassers erzeugt: Auch modernste Schiffe verfügen über einen Dampfkessel. Dampf wird auch zur Warmwasserbereitung und für die Heizung benötigt.

Das Schiff wird festgemacht

Ein Schiff soll seine Ladung transportieren, in den Häfen wird es jedoch festgemacht. Das besorgen Leute, die Festmacher heißen. Geschickt fangen sie die dünne Wurfleine, der die dicke Trosse folgt, und legen sie an einem Poller an der Pier fest. Am Bug, mittschiffs und am Heck wird das Schiff mit Stahl- oder Hanfseilen festgehalten. Mit Winden an Bord, die zum Teil auch von der Brücke gesteuert werden, kann das Schiff dann regelrecht festgezogen werden. Geführt werden die Trossen durch Öffnungen in der Schiffshaut, die Klüsen heißen. Um die Reibung am Schanzkleid zu verringern, werden sie über Rollen geführt. Hanf- und Kunststoffseile können verschleißen, vor allem durch das ständige Scheuern. Stahlseile können dagegen ohne Vorwarnung plötzlich reißen, und das kann lebensgefährlich sein.

An die Kette gelegt wird ein Schiff vom Gerichtsvollzieher. Der erteilt mit seinem Siegel ein Auslaufverbot, bis alle offenen Rechnungen bezahlt sind. Das Schiff dient dabei als Pfand.

Zum Stoppen des Schiffes gibt es außerdem den Anker. In europäischen Häfen ist er nicht erforderlich. Wohl braucht ein Schiff ihn beim „Parken" auf Reede. Die Anker sind mit Schäkeln an einer massiven Stahlkette festgemacht und werden an einer Öffnung am Bug zu Wasser gelassen. Auf Grund verhaken sie sich dann oder graben sich im Schlick ein. Solche Ankerkonstruktionen sind wahre Kunstwerke. Sollen sie doch möglichst nicht zu großes Gewicht haben, dennoch ein großes Schiff sicher halten, aber auch bequem wieder einzuholen sein.

Seemannsknoten nicht zur Zierde

Eine maritime Kunst sind die Seemannsknoten. Man brauchte sie für die Takelage der Segelschiffe, zum Verzurren von Ladung, aber auch eben

zum Festmachen. Die Knoten – und das macht ihre Besonderheit aus – mußten nicht nur sehr haltbar sein, sondern sich auch leicht wieder lösen lassen. Ohne hier jetzt eine maritime Knotenlehre anzufangen, nur der Hinweis: Bis auf die reinen Zierknoten haben die Seemannsknoten gemein, daß sie sich keinesfalls – wie beim normalen Knoten – unter Belastung zuziehen. Bei Feuchtigkeit wären Knoten in Tauen sonst überhaupt nicht mehr zu lösen.

Damit die Schiffshaut an der Pier nicht zu stark bei der Schiffsbewegung durch Wellenschlag verschrammt wird, gibt es Reibhölzer und Fender. Das sind elastische, heute meist aus Kunststoff bestehende große Ballons, die einen Druck von einigen Tonnen aushalten können. Die Gezeiten verändern den Wasserstand und daher müssen auch die Festmachertrossen von Zeit zu Zeit strammer gezogen oder mehr Lose gegeben werden, weil das Schiff nicht auf derselben Pierhöhe bleibt. Deutlich sichtbar wird dieses Problem bei den Gangways: Mal muß man sehr hoch an Bord klettern, mal befindet sich der Einstieg auch unterhalb der Kaimauer.

Um dieses Problem nicht beim Güterumschlag zu haben, wurden die Schleusen erfunden. Sie garantieren immer gleichen Wasserstand in den von ihnen abgeteilten Hafenbecken, machen allerdings zusätzlichen Zeitaufwand für das Schleusen erforderlich. Mit Schleusen können

Höhenunterschiede überwunden werden, beispielsweise bei Kanälen oder Flüssen, wie der Mosel mit ihren Staustufen. Das Schiff fährt durch das geöffnete Schleusentor in die Kammer, das Tor schließt sich. Der Wasserstand wird mit Pumpen dem Niveau vor dem zweiten Tor angepaßt. Dabei wird das schwimmende Wasserfahrzeug durch den sich ändernden Wasserspiegel in der Schleusenkammer abgesenkt oder gehoben. Wenn Gleichstand erreicht ist, kann das Schiff durch das sich öffnende zweite Schleusentor hinausfahren. Bei der Dockschleuse gibt es nur ein Schleusentor. Hier muß auf beiden Seiten der gleiche Wasserpegel erreicht sein, bevor das Tor geöffnet wird.

Alles was schwimmt

Von der kleinen Segeljolle über das Küstenmotorfrachtschiff bis zum Containerfrachter und zum riesigen Öltanker gibt es eine Vielzahl von Schiffstypen. Unterscheiden kann man nach Größe, nach Ladungsart, nach Einsatzgebiet oder nach Zweck des Schiffes. Dazu kommt eine ganze Reihe von Spezialfahrzeugen, wie Fischereifahrzeuge, Ölkatastrophenbekämpfungsschiffe oder Schwimmbagger. Nicht vergessen werden sollten dabei auch die Marinefahrzeuge.

Weil sie Fracht transportieren, werden die meisten Schiffe einfach Frachter genannt. Doch das ist nur ein Sammelbegriff. Die kleineren Einheiten, die meist auch Container transportieren können, heißen Küstenmotorschiffe oder kurz Kümo. Sie fahren auf der Ostsee, aber auch nach Großbritannien oder gar ins Mittelmeer. Spezielle Kümos mit geringem Tiefgang und einem hydraulisch absenkbaren Brückenhaus (die Masten werden einfach umgeklappt, damit Brücken passiert werden können) werden auch auf dem Rhein oder anderen Flüssen eingesetzt.

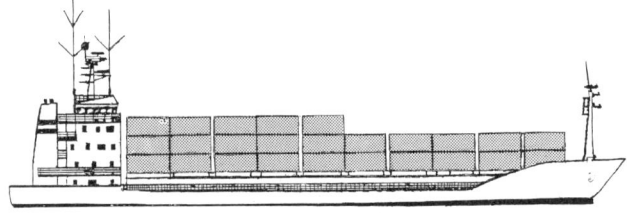

Ein Küstenmotorschiff, das auch Container transportieren kann

Man erspart sich das zusätzliche Umladen von Gütern vom Kümo auf Binnenschiff oder Bahnwaggon. Gebraucht werden solche Spezialschiffe beispielsweise auch für den Transport von Zeitungspapier. Diese rheingängigen Kümos sind aber nicht so wendig wie die reinen Binnenfrachtmotorschiffe – kurz Binnenschiffe –, die ausschließlich auf Kanälen und Flüssen eingesetzt werden. Die Anforderungen an Ausrüstung und Besatzung sind trotz des regen Verkehrs auf den Binnenwasserstraßen geringer. Eine Vielzahl von Binnenschiffen ist dennoch heute mit Radar ausgerüstet.

Schüttgut und Tanker

Bei der Trockenfracht wird unterschieden zwischen Stück- und Schüttgut. Schüttgut ist beispielsweise Getreide, Erz, Zement oder Dünger.
Diese Ladung, die einfach über Trichter oder Laufbänder an Bord
gebracht wird, erfordert große, leicht zu reinigende Laderäume. Ein
Getreideschott sichert die Ladung gegen Verrutschen: Bekommt das
Schiff leichte Schlagseite, könnte es durch das nachrutschende Gut sonst
unter Umständen sogar zum Kentern kommen.

*Universeller
Massengut-
frachter
„Western
Guardian"*

Große, speziell für Schüttgut ausgelegte Frachter heißen Bulker. Diese
Frachtgiganten nehmen mehr als 50 000 Tonnen Fracht an Bord. Die
sogenannten OBO-Carrier sind für Trockenfracht und Öl ausgelegte
Bulker. Ihre Laderäume sind mit Spezialbeschichtung versehen und mit
hermetisch dicht schließenden Lukendeckeln ausgerüstet. Mit ihnen
kann sowohl Öl (Oil) als auch Massenschüttgut (Bulk) und Erz (Ore)
und Kohle befördert werden. Sie lassen sich besonders flexibel auf
einem durch geringe Einnahmen pro Frachttonne gekennzeichneten
Markt einsetzen: Bei steigendem Rohölpreis wird das Schiff auf die Öl-
Fahrt umgestellt, während es sonst Erze oder Getreide fährt.

33

Bei den Stückgutfrachtern ist diese Flexibilität besonders gefragt. Noch immer unterscheidet man zwischen Linien- und Trampschiffahrt. Während in der Linienfahrt das Schiff in speziellen Fahrtgebieten eingesetzt wird und meist nach einem Fahrplan nur gewisse Häfen anläuft, wartet in der Trampschiffahrt der Eigner auf neue Ladung, die er zum gewünschten Bestimmungshafen bringt und dann auf den nächsten Job wartet. Während in der Linienfahrt maßgeschneiderte Frachter eingesetzt werden, sind für die Frachtvagabunden möglichst universelle Typen gefragt. Ein Punkt ist vor allem in der Überseefahrt das eigene Ladegeschirr, das unabhängig von vielleicht gar nicht vorhandenen oder nicht leistungsfähigen Hafenkränen macht. So sind viele Frachter mit – je nach Größe – mehreren Kränen ausgerüstet. Teilweise sind darunter auch gigantische Konstruktionen für Schwergut zu finden oder Portalkräne, die sich landseitig ausklappen lassen, für Massenstückgut wie Zellulose-Ballen oder Container.

Laderaum mit großen Luken

Gepackt wird dies alles in den Laderaum. Aus Stabilitäts- und Festigkeitsgründen, aber auch, um mehrere Güter getrennt transportieren zu können, besitzen die meisten Frachter mehrere Laderäume. Verschlos-

Ein moderner Container- frachter

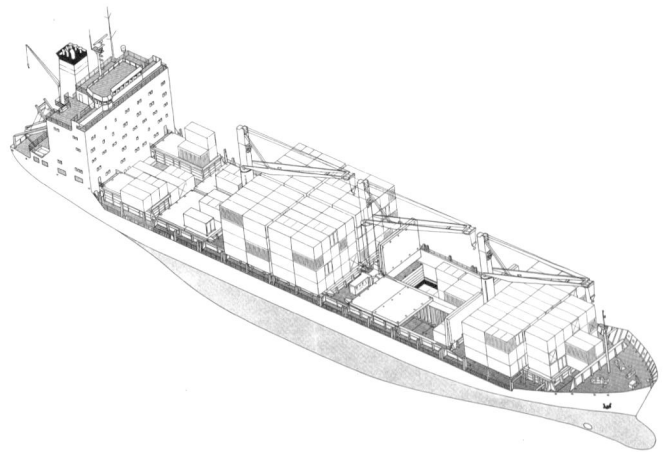

sen sind sie mit großen Lukendeckeln aus Stahl, die frühere Konstruktionen aus verkeilten Balken und Persenningen längst abgelöst haben. Die heutigen Deckelkonstruktionen sind nicht nur so stabil, daß man auf sie Container oder Schwergut stellen kann, sondern sie sorgen für einen wasserdichten Verschluß und lassen sich leicht entfernen. Dazu gibt es je nach Schiffstyp und -größe unterschiedliche Konstruktionen. Möglich ist das hydraulische Wegklappen der ziehharmonika-artig zusammengefalteten Deckel, die eine ganze Luke mit 80 Meter Länge und 12 Meter Breite abdecken können. Bei anderen Konstruktionen werden im Hafen die Deckel mit Bordkränen oder mit Landkränen abgehoben. Je größer die Luke, desto leichter läßt sich die Ladung mit Greifern oder Kränen herausholen.

Alle Stellplätze sind auf diesem Frachter belegt

Container und Bargen

Den überwiegenden Anteil der heutigen deutschen Neubauten machen spezielle Containerfrachter aus, die sogenannten Vollcontainerschiffe. Weltweit gibt es 1169 Vollcontainerschiffe. Deutschland liegt hier mit seinen 115 Einheiten auf dem vierten Platz, da solche modernen Schiffe weniger gern unter Billigflaggen registriert werden. Aber darauf kom-

35

men wir später. Moderne kleinere Frachter-Einheiten eignen sich meist auch für den Transport dieser Boxen und verfügen über entsprechend vorbereitete Laderäume und Deckstellplätze.

Doch es gibt auch Spezialschiffe für andere „Paketladungen''. So können Lash-Carrier sogenannte Bargen, das sind wasserdichte Behälter, die per Spezialkran in den Schiffsladekran gehoben oder auf Dockschiffen sogar eingeschwommen werden, laden. Transportiert wird darin Massenstückgut, wie beispielsweise Zellulose oder auch Draht-Coils. Mit Dockschiffen lassen sich auch sogar Schiffe selbst transportieren. Diese Fahrzeuge nutzen das Schwimmdock-Prinzip: Nachdem das Dock-Schiff mit gefluteten Ballasttanks abgesenkt wurde, wird die Heckpforte geöffnet. Das Transport-Gut schwimmt ein.

Nach Schließen der Pforte wird der Laderaum leergepumpt, und das Dockschiff schwimmt mit der trockengestellten Ladung wieder auf.

Die Ladung rollt an Bord

Nicht nur für Container, sondern auch für rollende Ladung sind besondere Frachter vor allem im Atlantik-Verkehr vorgesehen. Während in den Zellgerüsten Container gelascht werden, können über eine Laderampe Autos oder Trailer an Bord geladen werden. Im Prinzip sind auch alle Fähren so aufgebaut: Diese RoRo-Schiffe (für Roll on – Roll off) verfügen über mindestens eine große Laderampe, über die die Ladung rollend an Bord gebracht wird. Das kann eine Heckrampe sein, aber auch Seitenrampen sind möglich, die hydraulisch abgesenkt werden und eine Verbindung zum Pier herstellen.

Über eine Rampe kommt rollende Ladung an Bord auf diesen RoRo-Containerfrachter der Atlantic Container Line

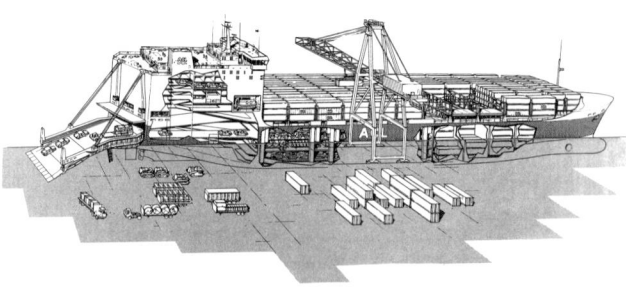

Jumbo-Fähren der zwischen Travemünde und Trelleborg verkehrende TT-Line im Begegnungsverkehr

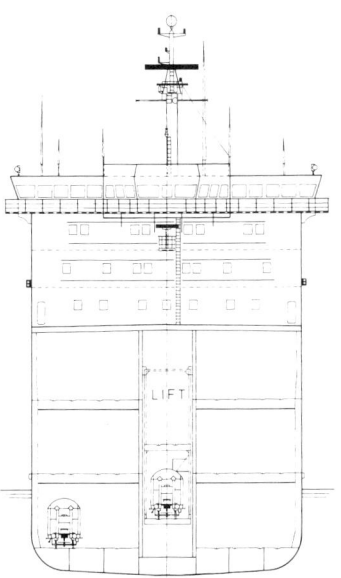

Bei reinen Fähren gibt es außerdem Bugrampen: Wie ein Visier wird dabei der Bug hochgeklappt. Die Laster oder Pkw fahren am Heck in das Schiff und bei der Ankunft im Zielhafen ohne Rangieren auf der anderen Seite wieder heraus. Hier kann das Bugvisier geöffnet werden und eine Rampe, die hochgeklappt als wasserdichter Verschluß und Kollisionschutz dient, die Landverbindung herstel-

Fahrstühle für Eisenbahn-waggons gibt es für die drei Decks der Ostsee-Fähre „Railship III"

len. Auch Eisenbahnwaggons oder ganze Züge können auf den dann als Trajekte bezeichneten Spezialfähren befördert werden. Diese schwimmenden Eisenbahnbrücken gibt es vor allem im Skandinavien-Verkehr. Innerhalb der RoRo-Schiffe gibt es spezielle Rampen-Konstruktionen, um die bis zu zehn Ladedecks für den Gütertransport optimal ausnützen zu können. Spezielle Autotransporter gleichen riesigen Blechkisten. Diese im Verkehr zwischen Japan und Europa, aber auch von Europa nach den USA eingesetzten gigantischen Garagen stauen bis zu 5000 Autos auf den sehr niedrigen Decks. Die Laderäume verfügen über keinerlei Öffnungen. Im Hafen werden innerhalb eines Tages alle Autos herausgefahren und am Pier für den Weitertransport zum Kunden bereitgestellt.

Frisches Obst und Gemüse

Auffällig sind Kühlschiffe. In ihren Laderäumen werden nicht nur Bananen und Zitrusfrüchte, sondern auch andere tropische Früchte und Gemüse, aber auch Fleisch transportiert. Die weiße Farbe von Rumpf und Aufbauten signalisiert einen solchen Schiffstyp schon von weitem. Für die Tropen angenehme Temperaturen von 20 Grad oder aber auch Minustemperaturen werden in den Laderäumen eingestellt. Unreife

Das Kühlschiff „Hansa Bremen" einer Serie von der Bremer Vulkan AG

Bananen werden hier bündelweise in Pakete gepackt und kommen dann fast reif in Europa an. Kühlschiffe haben meist eine größere Geschwindigkeit, um verderbliche Güter schnell zu transportieren. Auch wenn heute moderne Kühlschiffe mit ausgeklügelter Technik gebaut werden, laufen ihnen die Containerfrachter für spezielles Ladegut den Rang ab. In Kühlcontainern kann das Ladegut exakt temperiert transportiert werden. Vorteilhaft sind dabei auch die optimalen Entlademöglichkeiten. Doch auch für Kühlschiffe hat man sich mit befahrbaren Laderäumen und Lifts etwas einfallen lassen. Hier hat die Bremer Vulkan AG einen neuen Typ entwickelt, der sich sehr flexibel nutzen läßt. Ein ganz besonderes Kühlschiff ist auch ein Saft-Transporter, der von der Bremer Werft vor einigen Jahren umgebaut wurde. Mit ihm wird Apfelsinen-Fruchtsaft-Konzentrat aus Übersee nach Europa befördert. Spezielle Edelstahl-Kühltanks nehmen das Gut auf. Damit wären wir auch schon bei den Tankschiffen, die keineswegs nur so exquisite Ladung transportieren, obwohl es auch Wein- und Spirituosen-Transporter gibt.

8100 Kubikmeter Flüssiggas wie Propan oder Ammoniak kann der Gastanker „Gurupi" der Meyer-Werft befördern

Flüssiggas braucht es noch kälter

Beginnen wir bei den Tankschiffen für ganz kalte Ladung. Das sind die Tanker für verflüssigtes Erdgas. In ihren gigantischen Kugeltanks wird die Ladung bei Temperaturen von minus 168 Grad gehalten. Höchste Anforderungen werden an das Material und die Isolierung dieser Tanks gestellt. Weniger kalt geht es in den Gastankern für Rohprodukte für die

39

chemische Industrie, die aus Erdöl gewonnen werden, zu. Die LPG-Tankschiffe sind für Temperaturen bis minus 41 Grad, Äthylen-Tanker sogar bis minus 104 Grad Celsius ausgelegt. Daß da hohe Anforderungen an die Schiffssicherheit gestellt werden, liegt auf der Hand. Das gilt vor allem auch für den Explosionsschutz. Ein Flüssiggas-Tanker transportiert mehr als 8000 Tonnen Gas. Jüngste Entwicklung, die sich noch in der Projektphase befindet, sind Wasserstoff-Transporter. Mit diesen Schiffen soll kostengünstig elektrolytisch gewonnenes Wasserstoffgas in die Industrieländer gebracht werden. Das Problem ist nicht nur die extrem niedrige Temperatur, sondern auch die geringe Dichte, die zu Kugeltankschiffen mit minimalem Tiefgang führen wird.

Strenge Auflagen für Öltanker

Großgeschrieben wird die Sicherheit auch für Öl-, Ölprodukten- und Chemikalientanker. Hier geht es zusätzlich um den Umweltschutz. Strenge Auflagen schreiben vor, wieviel Ladungsreste in einem Tank nur bleiben dürfen. Die Öl-Tankschiffe haben an der weltweiten Kapazität von 258 Millionen Tonnen für Tanker den größten Anteil. Die größten Einheiten können bei einer Länge von 345 Meter und einer Breite von 53 Meter 400 000 Kubikmeter Rohöl transportieren. Wenn an einem solchen Tanker-Giganten ein Leck entsteht, ist eine Umweltkatastrophe

Ein Jumbo-Öltanker der Reederei Maersk

nicht auszuschließen. Gefordert wird deshalb für die riesigen Schiffe ein Doppelboden oder eine Doppelhülle. Bei Grundberührung oder Havarie wäre dann ein zusätzlicher Schutz vorhanden. Eingesetzt werden diese schwerfälligen Schiffe mit Tiefgängen von bis zu 25 Meter, deren „Bremsweg" bei einem Notstopp noch fünf Kilometer ausmacht, zum günstigen Massentransport des Öles von den Erdöl-Förderländern in die Industriestaaten. In einer Gemeinschaft entwickeln europäische Werften, darunter auch die Bremer Vulkan AG, einen neuen, sicheren und damit umweltfreundlichen Tankertyp.

Super-Tanker sind billiger

Statt vieler kleiner Schiffe sind wenige große Einheiten rentabler. Diese Philosophie führte zum Bau immer größerer Tanker. Diese Gigantomanie ist aber inzwischen beendet: Umweltgefahren und geringe Manövriermöglichkeiten machen die ultragroßen Tankschiffe (ULCC) unrentabel. Ein Teil von ihnen wurde in den vergangenen Jahren aufgelegt oder als schwimmendes Tanklager genutzt. Am rentabelsten sind gegenwärtig die „Million-Barrel-Tanker'', das sind Tanker mit einer Tragfähigkeit von 130 000 Tonnen, die eben umgerechnet eine Million Barrel Öl transportieren können.

So ein Tanker besteht aber nicht etwa nur aus einem gigantischen Hohlraum. Allein aus Stabilitätsgründen ist das Gesamtvolumen auf mehrere voneinander getrennte Tanks aufgeteilt. Sollte es zu einer Havarie kommen, kann dann nicht die Gesamtmenge ausfließen. Doch die Tanks enthalten noch zusätzliche Schotts, damit im Seegang die flüssige Ladung nicht hin und her schwappt und damit das Schiff in Gefahr bringt. Ohnehin ist man nicht nur aus Kostengründen bemüht, die Tanks randvoll zu machen. Der freie Raum beispielsweise über dem Öl führt zur Bildung leicht entzündlicher Gase. So kann es zu einer Explosion kommen. Mit Peilstäben wird beim Beladen der Füllstand in den einzelnen Tanks genau kontrolliert. Noch moderner sind Ultraschall- oder Radarsonden, die die genaue Ladungshöhe messen und den Wert auf die Brücke und zum Pumpenraum übertragen. Außerdem wird auf vielen Tankern Inertgas als Schutz über die Ladung gepumpt. Das ist nichts anderes als fast reiner Stickstoff, der mit bordeigenen Spezialöfen durch den völligen Entzug des Sauerstoffes aus der Luft gewonnen wird. Sehr gefragt ist die Tankkapazität von Produkten-Tankern. Diese Schiffe befördern in ihren meist kleineren Tanks Raffinerie-Produkte. Dazu können auch sehr zähflüssige Substanzen gehören. Sie werden zum Transport aufgeheizt. Dazu kann auch die Abgaswärme des Hauptantriebes über einen Wärmetauscher genutzt werden. Die Tanks verfügen über Heizeinrichtungen in den Tankwänden und zusätzliche „Heizspiralen" im Tank selbst. Bei Chemikalientankern müssen die Tanks zusätzlich zur Edelstahlausstattung mit speziellen Beschichtungen versehen sein, damit es zu keinen Reaktionen mit aggressiven Substanzen wie Laugen und Säuren kommen kann. Von den Thyssen Nordsee-Werken in Emden wurden zwei Spezialschiffe geliefert, die 13 verschiedene flüssige Substanzen mit unterschiedlichen spezifischen Gewichten und Temperaturen fahren konnten. Die Umschlageinrichtungen einschließlich spezieller Pumpen erforderten für diese Produkte vom Asphalt bis zum Ammoniak eine ausgeklügelte Technik.

Das Brückenhaus rutscht nach hinten

Bei Tankern befindet sich der Brückenhausaufbau generell am Heck. Auch die meisten Containerschiffe nutzen diese Anordnung. Bei sehr großen Vollcontainerfrachtern werden durchaus auch hinter dem Brückenhaus eine Reihe von Stellplätzen geschaffen. Dockschiffe, RoRo-Frachter, Bohrinsel-Versorger und andere Spezialfahrzeuge, vor allem aber Jumbo-Fähren, haben das Brückenhaus dagegen fast am Bug. Traditionell befand sich das Brückenhaus mittschiffs. Das gilt aber schon lange nicht mehr, seitdem der schwere Hauptantrieb, um eine lange und störanfällige Welle zu sparen, weiter nach achtern gerutscht ist. Die Schiffskonstrukteure sind hier inzwischen völlig frei. Auch das Absetzen des Hauptantriebes, der auf Frachtschiffen ohnehin weitgehend automatisch gefahren wird, bereitet kaum Probleme. So gibt es Schiffe, deren Brückenhaus sich am Bug befindet und die Schornsteine sind am Heck. Das hat zum Beispiel für gewisse RoRo-Frachter bei der Ausnutzung des Laderaumes erhebliche Vorteile.

Die Konzentration der Aufbauten auf ein Brückenhaus hat bei Frachtern auch den Vorteil des größeren freien Arbeitsdeckes, vor allem wenn sich hier bordeigenes Ladegeschirr für Stückgut befindet. Möglich ist dies vor allem auch durch die Verringerung der Besatzungsstärken und dadurch weniger Raumbedarf für Unterkünfte geworden. Die Schiffs-silhouette hat dadurch zwar nicht gewonnen: Ein alter Stückgutfrachter mit großen Aufbauten, die sich teilweise auch am Bug und Heck befanden, besitzt eine andere Schönheit als das Design eines modernen schnellen Containerschiffes, das jedoch sehr viel wirtschaftlicher ist.

Schlepper-Ballett

Aber schauen wir uns weitere Spezialisten unter den Schiffstypen an. Wendig und extrem stark, das sind sicherlich die bekanntesten Spezial-fahrzeuge, die Schlepper. Sie bringen nicht nur die größten Schiffsrie-sen sicher an die Pier, schleppen Pontons und manövrierunfähige Schif-fe über die Ozeane, sondern können mit entsprechenden Vorrichtungen selbst zur Brandbekämpfung eingesetzt werden. Diese Hilfsfahrzeuge sind wahre Leistungsriesen. Mit ihrer besonderen Bauform, bei der bei-spielsweise die ringsum laufende Scheuerleiste und das von der Brücke auslösbare Schleppgeschirr auffallen, bieten sie auch beim Antrieb etwas Außergewöhnliches. Während die Schiffsmotoren sonst auf Pro-

peller arbeiten, sind es hier abgesehen von den Hochsee-Schleppern
andere Konstruktionen, die diesen Fahrzeugen ihre extreme Wendigkeit
verleihen. Sehenswert ist ein Schlepper-Ballett, bei dem diese Fahrzeuge auf der Stelle drehen. Aber diese Pirouetten gehören nicht zum
Schlepper-Alltag.

Statt eines einfachen Propellers besitzen die Schlepper einen nach ihren
Erfindern benannten Voith-Schneider- oder einen Schottel-Antrieb.
Beim Schottel-Antrieb wird die Manövrierbarkeit durch kleine, in alle
Richtungen schwenkbare Propeller erreicht. Der Kapitän nutzt zum
Manövrieren in alle Richtungen eine Art Steuerknüppel. Eingesetzt wird
dieser Antrieb auch für kleinere Fähren und für Bohrinseln und For-
schungsschiffe. Das Voith-Schneider-Prinzip sieht ein sehr schnell dre-
hendes Messer vor, das sich unterhalb des Schleppers befindet. Wird die
Lage hydraulisch nur ein wenig verstellt, wird der Vortrieb in die
gewünschte Richtung umgestellt.

Die Wirkungsgrade der Schlepperantriebe sind geringer als bei herkömmlichen Propellern. Auch lassen sich nicht so hohe Reisegeschwindigkeiten erreichen. Doch die Vorteile für den Einsatz bei diesen Spezialfahrzeugen überwiegen. Die auch extrem langsam anziehenden Schlepper haben mit ihren 1900 PS starken Antrieben eine beachtliche Leistung. Gemessen wird der Pfahlzug, das ist die Zugkraft gegenüber einem feststehenden Gegenstand. Mit einem Pfahlzug von 30 Tonnen läßt sich schon ein großer Öltanker schleppen. Dabei ist der Zug so groß, daß schon mal bei Seeverschleppungen eine Schlepptrosse brechen kann. Auf den neuen Hafen- und Assistenzschleppern arbeiten nur noch drei Mann, weil Antrieb und Schleppgeschirr fernbedient werden können. Leistungsfähige Wasserpumpen versorgen die Feuerlöschmonitore auf den Aufbauten, die ferngesteuert werden können. Auch können die Schlepper zum Ausbringen von Ölsperren genutzt werden.

Spezialschiffe für Ölunfälle

Für die Ölkatastrophenbekämpfung werden ebenfalls Spezialfahrzeuge eingesetzt. Besonders bemerkenswert ist hier das von der ehemaligen Lühring-Werft in Brake konstruierte Doppelrumpf-Mehrzweckschiff. Die Schiffskonstruktion besteht aus zwei am Heck mit einem Scharnier miteinander verbundenen Rumpfhälften, die auseinandergeklappt werden können. Das sonst als Küstentanker einsetzbare Schiff kann in der Ölbekämpfung die Ölschicht auf dem Wasser förmlich zusammenfahren und damit an einem Ölwehr einsammeln. Auch die beiden anderen Ölkatastrophenbekämpfungsfahrzeuge des Bundes verdichten die Ölschicht: Hier gibt es ausfahrbare Schwenkarme, an denen das Öl mit Wasser abtrennenden Geräten abgesaugt werden kann. Bei diesen Mehrzweckfahrzeugen, die auch als Tonnenleger eingesetzt werden, handelt es sich übrigens um Versorger. Das sind universelle Wasserfahrzeuge mit den Aufbauten am Bug, einem Kran, Frachträumen und einem großen Arbeitsdeck. Die Versorger werden vor allem für Bohrinseln eingesetzt. Sie transportieren Material, Rohre, Gestänge und Proviant zu den Erdöl- und Erdgasfeldern.

*Eine Förder-
Plattform, die
auf einer Stel-
zenkonstruktion
in bis zu 100
Meter tiefem
Wasser steht*

46

Die gesamte Offshoretechnik hat ohnehin interessante Konstruktionen hervorgebracht. Dazu gehören die gigantischen Bohr-, Förder- und Wohnplattformen. Diese Konstruktionen besitzen über 100 Meter lange Stelzenbeine, mit denen sie verankert werden, oder sind als Halbtaucher konstruiert. Die schwimmende Konstruktion wird mit Schottel- oder Wasserstrahlantrieben auch bei Seegang genau auf Position gehalten. Produktionsschiffe, wie die „Petrojarl 2", die von der Bremer Vulkan AG gebaut wird, trennen vor Ort die gewünschten Bestandteile aus den Öl-Gas-Gemischen.

Um richtige Schiffe handelt es sich dagegen bei den für die Lagerstättenerkundung eingesetzten Seismik- und Forschungsschiffen. Sie verfügen über Heckschleppen für die Aufnahme von den Unterwasserschallsensoren. Das Forschungsschiff „Meteor" steckt voll Elektronik. Im Bug sind Sonarsonden angebracht. Während der Fahrt kann dieses Schiff ein Abbild des Meeresgrundes, teilweise noch mit der Beschaffenheit der Oberfläche, und ein Profil der abgelagerten Sedimente liefern. Auch Temperaturprofile lassen sich auf speziellen Karten gleich auf See für die Fischerei- und Meereskunde erstellen.

Arbeitstiere auf dem Wasser

Arbeitstiere sind die Schwimmkräne und -bagger. Keineswegs können dazu Kräne oder Bagger einfach nur auf Pontons montiert werden. Allein aus Stabilitätsgründen sind dafür besondere Konstruktionen erforderlich. Das größte Kranschiff der Welt dürfte wohl die „Micoperie 7000" sein, die 1988 in Italien gebaut wurde. Dieses riesige Kranschiff hebt mühelos ein großes Schiff hoch. Dabei wird über riesige Ballasttanks das Hebemanöver computergesteuert, damit das Kranschiff nicht einfach umkippt.

Bei Havarien und Bergungen, aber auch in der Offshore-Technik braucht man solche Spezialisten, gegenüber denen sich der „Enak", der an der Küste beispielsweise für Stapelhübe eingesetzt wird, recht bescheiden ausmacht. Bei einem Stapelhub wird das Schiff auf dem Trockenen an Land gebaut und dann nach Fertigstellung einfach ins Wasser gehoben. Die entsprechenden Ansatzpunkte für die Schwimmkräne müssen natürlich vorhanden und auch die Belastung bei der Konstruktion berücksichtigt sein: Sonst würde sich das Schiff, noch bevor es in sein Element kommt, ja schon verbiegen.

Schiffe für Retter

Selbst kentern macht den Booten der Deutschen Gesellschaft zur Rettung Schiffbrüchiger (DGzRS) nichts aus: Sie richten sich wieder auf. Die Seenotrettungskreuzerflotte konnte in den vergangenen Jahren beträchtlich modernisiert werden. Die mit Beibooten, die von einer Heckschleppe abgelassen werden können, ausgestatteten Alu-Konstruktionen sind schnelle Spezialfahrzeuge, die jedes Jahr Hunderte von Menschenleben retten oder aus Notsituationen befreien.

Statt Linienfahrt wird gekreuzt

Kommen wir nun zu den Passagierschiffen. Hier wird die Größe eines Schiffes nur noch nach Zahl der Fahrgäste und dem Luxus der Ausstattung gemessen. Die Linien-Fahrt, die es noch nach dem Zweiten Weltkrieg über den Atlantik gab, wurde kampflos den Jets überlassen. Im Skandinavien-Verkehr gibt es Passagier-Jumbofähren, deren Ausstattung es mit den Luxusdampfern vergangener Jahre allemal aufnehmen kann.

Ob Luxusfähre oder Kreuzfahrtschiff – der Komfort für die Passagiere steht im Vordergrund. Die Schiffsbewegungen werden – innerhalb

Ein Kreuzfahrtschiff der oberen Luxusklasse für nur 212 Passagiere und mit ausfahrbarer Marina am Heck: die „Seabourn Spirit"

gewisser Grenzen – von Stabilisatoren gedämpft. Auch die Antriebsgeräusche werden erheblich unterdrückt.

Bei Passagierschiffen steht neben der Technik die Gestaltung im Vordergrund. Hier sind die Farbwahl und die Linienführung äußerst wichtig und entscheiden mit darüber, ob ein Kreuzfahrtschiff bei den Buchern ankommt oder ein Flop wird. Allerdings kostet diese Gestaltung ihren Preis. Wenn die Bugaufbauten mit stromlinienförmigen Blechen verkleidet sind, alle Ecken abgerundet wurden und der Bug wie für eine schnelle Yacht aufgekimmt ist, wird ein solches Schiff teurer, als wenn man kastenförmige Standardaufbauten wählt. Viel aufwendiger noch aber ist die Einrichtung. Show-Lounge, Restaurants, Bars und Swimmingpools gehören immer dazu. Nicht nur auf Fähren findet man Einkaufszeilen. Für Kreuzfahrtschiffe gibt es inzwischen auch eigene Marinas, die am Heck ausgeklappt werden können. Auch dienen hier ein Teil der entsprechend komfortabler eingerichteten Rettungsboote als Tenderboote für Landausflüge.

Die Passagierschiffe erfordern nicht nur eine eigene Klär- und Müllverbrennungsanlage. Sie brauchen für die mehrgängigen Menüs riesige Kühlräume für die Lebensmittel und eine große Küchenanlage, in der auch bei Seegang und unter tropischen Bedingungen nur das Feinste vom Feinen für die Kreuzfahrtpassagiere zubereitet werden kann.

Die Schiffe werden immer schneller

Die Passagier- und Autofähre „Finnjet" erreicht mit ihrem Turbinenantrieb eine Geschwindigkeit von mehr als 31 Knoten, und auch das Kreuzfahrtschiff „Queen Elizabeth 2" kommt auf diese Geschwindigkeit. Allerdings sind dafür sehr hohe Leistungen erforderlich, um diese Spitzengeschwindigkeiten zu erreichen. Die Schiffe verbrauchen dann auch extreme Mengen Brennstoff. Deshalb fährt die Finnland-Fähre auch nur an bestimmten Fahrplan-Tagen im Sommer Höchstgeschwindigkeit. Besonders schnell kann man mit Mehrrumpfschiffen fahren. Vor allem für Passagierfähren werden diese Konstruktionen eingesetzt. Wasser hat leider doch Balken und es gibt Geschwindigkeiten, die nur mit extremer Motorleistungserhöhung zu steigern sind. Wenn der

Rumpf allerdings nur eine geringe Widerstandsfläche an der Wasseroberfläche hat, gibt es einen Ausweg aus diesem Dilemma. Konstrukteure kamen daher auf die Idee, den Rumpf aufzuteilen. Mit einem Katamaran läßt sich die Maximalgeschwindigkeit bereits gut auf mehr als 35 Knoten steigern. So schnell fährt beispielsweise die im Verkehr zwischen Borkum und Emden eingesetzte „Nordlicht" der A. G. Ems, deren Vortrieb nicht per Propeller, sondern mit dem Jetdüsen-Prinzip ähnlichem Wasserstrahlantrieb erfolgt.

Doch es geht noch besser. Wenn man das Schiff auf unter der Wasseroberfläche bleibende Auftriebskörper mit einer sehr dünnen Tragekonstruktion stellt, muß nur dieses die Wasseroberfläche durchschneidende Tragewerk den Wasserwiderstand überwinden. Auch nach diesem Prinzip arbeiten eine Reihe von sehr schnellen Fähren. Ein drittes Prinzip, dessen Erprobung noch nicht ganz abgeschlossen ist, wurde von der Hamburger Werft Blohm + Voss entwickelt. Auch hier handelt es sich um ein Mehrrumpffahrzeug, das aber eine Gummischürze trägt. Hier wird ein Luftkissen aufgebaut, auf dem das Boot dann über das Wasser gleitet. Mehr als 50 Knoten wurden dabei bereits trotz Seegang erreicht. Gerade die Wellen behindern diese schnellen Fahrzeuge sehr, weil es jedesmal einen Stoß gibt. Daher arbeitet auch ein in Australien entwickelter schneller Katamaran, der im Ärmelkanal eingesetzt wird, nicht sehr erfolgreich. Bei starkem Seegang wurden die Passagiere seekrank.

Lebensmittelproduktion

Seegang herrscht aber gerade in den Fahrtgebieten, in denen die Fischereifahrzeuge eingesetzt werden. Fischdampfer gibt es schon lange nicht mehr, auch wenn sich dieser durch den Einsatz von Dieselmotoren falsche Begriff immer noch hält.

Für den Fischfang eingesetzte Fahrzeuge haben neben den Netzen und den dafür erforderlichen Einholvorrichtungen Kühlräume. Fischereifabrikschiffe verfügen sogar über die komplette Verarbeitung von der Filetierung bis zum Frosten des Fisches, ja, hier können die Produkte sogar gleich in Dosen verpackt werden.

Der Trawler
„Jan Maria"

Den Anfang machten die Seitenfänger. Vor allem in Küstennähe wurde der Fang so an Bord gebracht und mit dem mitgebrachten Eis gekühlt. Die Hochseefischerei sicherte die deutsche Frischfischversorgung. In Küstennähe wäre kaum noch ausreichend Fisch zu fangen. Dazu kommt das Problem der Fischereischutzzonen, die deutschen Fischereifahrzeugen den Fang um Island in einer 200-Seemeilen-Zone verbot.

Hier boten Heckfänger neue Möglichkeiten. Mit ihnen konnte auf hoher See besonders intensiv Jagd nach dem Fisch unternommen werden. Die Entwicklung der Kühltechnik erlaubte die Schaffung von großen Kühlräumen, die weite Anreisen rentabler machten. Kühlkapazitäten von 5500 Kubikmeter sind heute für moderne Schiffe Standard. Pro Tag kühlen die Verarbeitungsstraßen – fast industriell geht es Bord der Froster zu – bis zu 210 Tonnen Fischfilet. Auf der Brücke geben modernste Geräte dem Kapitän, der in der Regel am Fangerfolg beteiligt ist, wichtige Informationen. Dazu gehören spezielle Echolote und Temperatur-Meßgeräte, die sogenannten Fischlupen.

Frischer Fisch

Doch auch kleinere Fischereifahrzeuge sind wieder im Kommen. Die Kutter als besonders flexible Fang-Einheiten werden nicht mehr nur in Küstennähe eingesetzt. Diese hochseefähigen Einheiten besitzen inzwi-

51

schen sogar kleine Heckaufschleppen, über die der Fang an Bord gezogen werden kann. Wenn das Netz nicht mit großen Winden gehievt wird, dann wird die Schräge mit einer Art Schleuse verschlossen.

Spezielle Fischereifahrzeuge sind Krabben- und Muschelkutter und Surimi-Fabrikschiffe. Surimi ist eine vor allem in Japan sehr beliebte Eiweiß-Masse, die durch langes Kochen einer speziellen im Polarmeer gefangenen Fischart entsteht. Je frischer der Fisch, um so hochwertiger das Surimi. Daher war ein auf der Bremerhavener Schichau Seebeckwerft für amerikanische Rechnung gebautes Fang- und Surimiverarbeitungsschiff auch ein großer Erfolg.

Die Welt der Marine ist Grau

Auf der ganzen Welt sind sie in einem tristen Grau zu finden: die Bundesmarineschiffe. Auch wenn in diesem Buch die Handelsschiffahrt im Vordergrund steht, würde diese in einigen Regionen ohne den Schutz durch eine funktionsfähige Marine schnell zum Erliegen kommen. Grau sind die Schiffe als eine Art Tarnfarbe gehalten, obwohl Radar der Schnellboote und das Sonar der U-Boote kein feindliches Schiff unentdeckt lassen würden. Doch die Zerstörer und Fregatten als größte Marine-Fahrzeuge haben in ihrem Gefolge weitere Schiffe und U-Boote zum

Speziell für die U-Boot-Jagd ausgelegt sind die Fregatten der Bundesmarine

Eigenschutz vor Angreifern. Außerdem sind sie mit einer Vielzahl von anderen Einrichtungen, wie Torpedos, Kanonen und Flak ausgerüstet. Ausgesprochen defensiven Charakter haben die Minensuch-Fahrzeuge. Hier kann die deutsche Bundesmarine mit den modernsten und erfolgreichsten Technologien sowohl bei der Konstruktion geeigneter Schiffe aus nicht magnetisierbarem Stahl, der die auf Magnetfelder reagierenden Minen nicht zum Auslösen bringt, wie auch Aufspürtechnologien mit Drohnen aufwarten. Landungsfahrzeuge, Schnell- und U-Boote ergänzen die Flotte.

Die Unterwasserfahrzeuge können mit ihrer aus Spezialstählen gefertigten Druckkonstruktion auf Tauchtiefen bis 300 Meter gehen. Tauchen und Auftauchen können sie durch Veränderung des Druckvolumens. Das Problem ist nur die langfristige Energie- und Sauerstoffversorgung. Akkumulatoren dienen als Energiespeicher. Geladen werden die für die Unterwasserfahrt ohne Schnorchel erforderlichen Batterien von Dieselmotoren. Einen ganz neuen Trends brachten die nukleargetriebenen U-Boote, die durch ihre luftunabhängige Energiequelle fast unbegrenzt lange getaucht bleiben können.

Versorger und Tender sind Spezialfahrzeuge, die nicht nur Treibstoff, Verpflegung und Munition zu den schwimmenden Verbänden befördern, sondern auch Ersatzteile und Service-Techniker an Bord haben. Das Tanken auf hoher See ist schon etwas Imposantes und steht der Treibstoffübergabe in der Luft vom personellen Einsatz und Technologie in nichts nach.

Flugzeugträger gehören zu den Marine-Kolossen. Von ihnen gibt es wegen der leichten Angreifbarkeit und den extremen Baukosten weltweit nur wenige Exemplare. Hubschrauberträger brauchen keine Lande- und Startbahn mit Katapultstart und Auffangvorrichtungen, damit die landenden Düsenjets nicht ins Meer stürzen. Sie sind schwimmende Hangars. Die Größe der Marinefahrzeuge wird weltweit mit ihrer Verdrängung – also ihrem Gewicht – in Tonnen angegeben.

Container –
die eingepackte Ladung

Zeit ist in der Schiffahrt Geld. Pro Tag fällt an Charterraten für einen Frachter eine Summe von weit über 60 000 Mark an. Wenn man die Reisen verkürzen kann, würde das eine Steigerung der Einnahmen bedeuten. Doch die Steigerung der Schiffsgeschwindigkeit hat Grenzen. Außerdem würde ein schnelleres Schiff auch erheblich teurer in den Betriebskosten sein.

Das ist also keine Lösung. Doch den findigen Reedereien kam vor gut 25 Jahren eine andere Idee: Wenn es gelänge, den Umschlag erheblich zu beschleunigen und dadurch die Liegezeiten der Schiffe in den Häfen zu verkürzen, wäre damit erheblich mehr gewonnen. Die Be- und Entladung von Frachtern war zwar durch den Einsatz von Kränen und Gabelstaplern schon beschleunigt worden, doch das alles war noch nicht schnell genug.

Außerdem bringt jeder Tag Hafenliegezeit ja nicht nur keine Einnahmen, sondern bedeutet weitere laufende Kosten und überdies noch zusätzliche Hafengebühren. Das Ei des Kolumbus wurde 1956 in den USA gefunden. Man verpackte die Stückgüter einfach in größere Behälter, die dann per Kran als Einheit vom Schiff an Land geholt wurden. Das ging schnell, während man für das Packen und Ausladen dieser Behälter sich Zeit lassen konnte. Das konnte bequem in den Schuppen passieren, wenn das Schiff noch gar nicht in Sicht oder schon wieder auf hoher See war. So wurde ein revolutionäres Frachtsystem erfunden, das man einfach nach dem internationalen Wort für Behälter „Container" nannte. Erfahrungen mit dem Packen von Gütern in riesigen Holzkisten hatten die Amerikaner bereits für den schnellen Nachschub für den Zweiten Weltkrieg und im Korea-Krieg gesammelt.

Am Anfang waren nur Holzkisten

Der Durchbruch gelang durch einheitliche Kisten mit einem zusätzlichen Schutz durch Bleche und Eckbeschläge. Der erste wirkliche Containerdienst wurde zwischen den USA und Puerto Rico eröffnet. Erst 1966 – fast zehn Jahre später – kam das erste mit Containern beladene Schiff nach Europa. Das erste deutsche Vollcontainerschiff von Hapag-Lloyd lief zwei Jahre später von Hamburg aus. Anfangs wurde dieses

System belacht und selbst die Optimisten hätten diesen Erfolg nicht erwartet. Heute legen selbst Küstenmotorschiffseigner Wert darauf, daß die Laderäume ihrer Schiff „Box-Shaped" sind. Das bedeutet, daß sie rechtwinklig und passend für Container-Beladung geeignet sind.

Das Geheimnis des Containerumschlages sind die hohen Rationalisierungsmöglichkeiten und die Normung. So sind die Behältergrößen genau festgelegt, auch wenn es heute für viel Spezialladung Sondermaße gibt. Waren für das Löschen und Laden eines Stückgutschiffes mit 10000 Tonnen Ladung 200 bis 400 Leute acht Tage lang beschäftigt, wird die Liegezeit eines Containerschiffes in Stunden beziffert. Zusätzlicher Vorteil: Die Box kann von und zum Schiff ohne Probleme über die Schiene, die Straße oder auch den Wasserweg befördert werden. Mit Containern ist ein weltweiter Haus-zu-Haus-Verkehr möglich.

Das Geheimnis ist der Standard

Aber schauen wir uns die Blechkisten doch einmal genauer an. So ein Standardcontainer ist genau 6,058 Meter lang, 2,438 Meter breit und hoch. Diese krum-

Ein 20 Fuß langer Standard-Container

men Maße hängen damit zusammen, daß hier noch alles im angelsächsischen Fuß-Maß gemessen wird. Andererseits sind bei den Behältern trotz des nicht gerade zarten Umganges beim Transport keine größeren Abweichungen beispielsweise durch Beulen von mehr als einem Zentimeter zulässig. Sonst könnte es an Bord von Containerfrachtern klemmen oder wackeln. Das obige Maß gilt für den 20-Fuß-Container. Als kleinstes gilt dieses Box-Maß auch als Einheit für Container-Kapazität, Ladeleistungen, Lagerflächen und Umschlag. Die internationale Abkürzung dafür lautet TEU für „Twenty-Foot-Equivalent Unit".

Praktischerweise gibt es noch 40-Fuß-Container. Diese 12,192 Meter langen Super-Kisten nehmen genau den Platz von zwei kleineren ein.

Aus Stahlblech gefertigt ist dieser Container

Das ist beim Stauen ideal, wenn 20- und 40-Fuß-Boxen beliebig neben- und übereinander gestapelt werden können. Maximal können die kleineren Container bis zu 24 Tonnen und die größeren bis zu 30 Tonnen fassen. Die Behälter, die mit einer Tür versehen sind, können mit Gabelstaplern befahren werden und halten überhaupt viel aus. Gefertigt sind sie aus Holz, das mit Blech verkleidet wird. Besonders massiv sind die Eckpunkte ausgelegt: Hier packen die Zurrungen an Deck oder in den Stellgerüsten der Schiffe an, wie auch die Spreader und Kräne beim Containerumschlag in den Terminals.

Alles ist „containerisierbar"

Was kann man denn nun so alles in Container stauen? Die Fachleute sagen schlicht, daß sie bisher für kein Produkt nicht eine containergerechte Lösung gefunden hätten. Alles sei „containerisierbar". Ob nun Home-Computer oder Spielzeug aus Fernost eingepackt in Pappkartons, die dann auf Palette in den Container geschoben werden, ob wertvolles Glas oder Porzellan, ob Federn, Möbel oder Maschinenteile, ja sogar

Auch Flüssigkeiten und Gase lassen sich in solchen Spezial-Containern transportieren

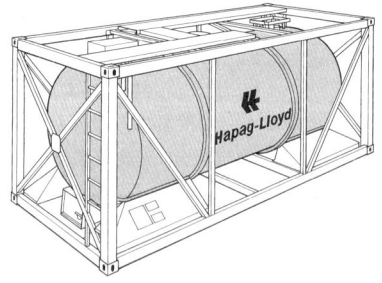

notfalls Autos – alles läßt sich stauen. Selbst Kaffeebohnen, die in spezielle Schüttgut-Container mit einer oberen Öffnung gepackt werden, lassen sich so rationeller als in Säcken verpackt transportieren. Flüssigkeiten lassen sich mit entsprechenden Tank-Containern, deren Außenabmessungen genau in das Normraster passen, stauen. Palettenförmige Plattformen, auf die beispielsweise Motoren und Anlagen gestellt werden können, die aber auch als Schutz seitliche Streben haben können, gibt es.

Container zum Kühlen

Eine besonders interessante Bauform sind die Kühlcontainer. Diese Boxen enthalten sehr viel zusätzliche Technik. Dazu gehört nicht nur ein Kühlaggregat, das auf dem Schiff, dem Laster oder der Bahn an eine eigene Stromversorgung angeschlossen wird, sondern auch eine genaue Kontrolle der Innentemperaturen auf dieser Transportkette. Dazu wird die Temperatur des Gutes dokumentensicher aufgezeichnet. Obst und Gemüse, aber auch Fleisch und Tiefkühlprodukte können mühelos über die Meere befördert werden. Bis unter minus 25 Grad Celsius läßt sich die Temperatur selbst in den Tropen einstellen. Die Kühlkette wird so nirgends unterbrochen. An Bord spezieller Containerfrachter kann auf die eigenen Kühlaggregate verzichtet werden: Die Kühlcontainer verfügen über besondere Kaltluft-Anschlüsse. Bei Seereisen kann dann die wirtschaftlichere Kälte-Erzeugung an Bord genutzt werden.

Obwohl es anfangs nur zwei verschiedene Arten von Containern gab und diese Normung diesem „Verpackungsmittel" zum Durchbruch verhalf, reicht das heute nicht mehr aus. So gibt es überhohe Container und auch Sonder-Längen, die nicht mehr in das übliche Raster passen. So waren für die riesigen, bei der Bremer Vulkan AG und den Kieler Howaldts-werken-Deutsche Werft AG 1989 gebauten Schiffe für die American President Lines Containermaße von 35, 45 und sogar 48 Fuß zu berücksichtigen. Die etwas größeren Container sind im Kommen, weil sich in ihnen bei nur wenig größeren Außenmaßen erheblich mehr stauen läßt.

Verpackungskünstler

Die meisten Güter nützen die maximale Last gar nicht aus. Dabei geben sich Transportingenieure viel Mühe, durch besonders raffiniertes Stauen soviel wie möglich in einen solchen Container hineinzubekommen. Spezialfirmen haben sich auf das Packen von Containern spezialisiert.

Die Ware, die zwar durch die Außenhülle gut geschützt ist, soll ja trocken und heil beim Empfänger ankommen, auch wenn das Schiff durch schweren Seegang und Monsun-Regen mußte und der Container ungünstig an Deck stand.

Wichtig ist die richtige Stapelung dieser Frachteinheiten. Dabei hilft der Laderechner, weil die unterschiedlich schweren Kästen und Ladestapel und Reihen das Schiff natürlich erheblich vertrimmen können. Mechanisch sind die Kanten mit speziellen Klammern miteinander verbunden, während in den Laderäumen von für containergeeignete Frachter besondere Führungen vorhanden sind, in die die Boxen genau passen. Diese Stellgerüste beschleunigen den Umschlag, weil sonst die einzelnen Einheiten zusätzlich verzurrt werden müssen. Das ist aber für die Deckscontainer erforderlich, sollen sie nicht über Bord gehen.

Offener Frachter optimal

Vollcontainerfrachter befördern bis zu elf Reihen von Boxen im Laderaum, der mit Luken verschlossen wird, und als Deckslast bis zu fünf Lagen hoch. Die Luken müssen natürlich das Gewicht aushalten können und außerdem entsprechende Stell-Vorrichtungen haben. Eine belgische Reederei ist einen Schritt weitergegangen: Sie hat offene Containerfrachter bestellt und auch erfolgreich in Fahrt gesetzt. Dabei wird ganz auf Luken verzichtet, was beim Laden Vorteile bringt. Dafür übernehmen diese Schiffe natürlich durch Gischt und Regen viel Wasser, das mit starken Pumpen aus dem Laderaum abgepumpt wird.

Mehr als 3000 Container können an Bord eines großen Frachters sein. Nun wäre es wenig rationell, wenn in jedem Hafen alle Container abgeladen und dann die für die weitere Passage erforderlichen wieder aufgeladen werden. Jedes Bewegen eines Containers kostet Zeit und damit Geld. Der Ladeoffizier weiß daher auch genau, welcher Container mit welchem Bestimmungshafen und Gewicht wo an Bord zu finden ist. Auch die Art der Ladung, beispielsweise bei Kühlcontainern oder gefährlicher Ladung, wie Chemikalien oder Feuerwerkskörpern, ist genau festgehalten. Weil Container besonders universell genutzt werden können sollen, steht das natürlich nicht unbedingt an dem Behälter dran. Dafür ist hier eine große Registriernummer zu finden, die in den Häfen sogar elektronisch abgelesen und ausgewertet werden kann.

Auf der Suche nach der richtigen Box

Diese Buchstaben-Nummern-Kombination, die auch das Kürzel für die Reederei enthält, ist das unverwechselbare Kennzeichen: Auf dem gesamten Transportweg wird sie registriert und auch beim Datenaustausch in den Computern vom Absender über den Zoll bis zur Hafenverwaltung und Reederei weitergereicht. So können auch die Absender oder Empfänger sehr schnell feststellen, wo sich ihr Container befindet.

Flotter Datenaustausch

Weltweiter Datenaustausch zwischen den Reedereien erleichtert dies Geschäft. Dabei werden beispielsweise Hapag-Lloyd-Container nicht nur von Schiffen dieser Hamburger Reederei befördert. Um Kosten zu sparen, aber auch einen besonderen Service zu bieten, haben die Container-Reedereien abgesprochene Fahrpläne ihrer Schiffe. Die kurzen Hafenliegezeiten und schnelle Schiffe mit ausreichenden Antriebsreserven ermöglichen einen solchen Verkehr. Dabei befördern die Frachter auch Fremd-Container. Man spricht dabei von Slot-Charter, weil an Bord Stellplätze freigehalten werden und der Transport dann untereinander verrechnet werden kann. Um die An- und Ablieferung des über See beförderten Containers kümmern sich dann wieder Makler und Befrachter, wenn dies nicht von der Reederei als Beförderungsdienstleistungsunternehmen ohnehin mit erledigt wird.

Die Reedereien, die meist Eigentümer der Container sind, vermieten diese Boxen an ihre Kunden. Der Absender erhält den Container der gewünschten Art und Größe von der Spedition auf den Hof gestellt. Eine Zugmaschine holt ihn dann zum gewünschten Zeitpunkt ab. Schon lange vorher sind über den eingeschalteten Makler oder direkt mit der Reederei die Verbindung mit dem Lade- und Löschhafen und der An- und Abfahrt gebucht worden. Weil es Containerschiff-Fahrpläne gibt und die Größe der Ladeeinheiten ja vorher genau feststeht, läßt sich das Schiff wirtschaftlich für Punkt-zu-Punkt-Verbindungen einsetzen. Wenn nicht ausreichend Container bereitstehen, werden auch schon mal Leer-Container mitgenommen. Das ist für bestimmte Verbindungen schon mal zum Ausgleich erforderlich. So gab es im Atlantik-Verkehr zeitweise einen deutlichen Überschuß an Containern in Richtung Westen. Aber langfristig gleicht sich dies durch die weltweiten Handelsströme doch weitgehend aus.

Der Zoll macht Stichproben

Interessant auch die Containerströme. Ungarn importiert Elektrogeräte aus Südkorea über den Hafen Bremen. Die Frachter fahren durch das Mittelmeer geographisch fast an Ungarn vorbei, dennoch ist der Warentransport über den Landweg von Bremen nach Budapest günstiger. Ohnehin hat der Containertransport die Warentransportpreise erheblich umstrukturiert. Waren früher die Tarife nach Warenart und Umschlagbemühungen gestaffelt, ist von außen nicht festzustellen, ob ein Container Fernsehgeräte oder Schrott enthält. Auch der Aufwand beim Umschlag ist immer der gleiche. Lediglich der Zoll schaut sehr genau in den Container und prüft, ob es sich vielleicht um veredelte Produkte mit hohem Warenwert handelt. Danach wird der Container mit entsprechenden Plomben versiegelt. Um es Schmugglern oder schrägen Spediteuren schwerer zu machen, soll im Hamburger Hafen eine riesige Röntgenanlage aufgestellt werden. Mit ihr können die Container beim Durchfahren durchleuchtet werden.

Die Hapag-Lloyd AG, größte deutsche Reederei, besitzt 21 Vollcontainerschiffe und gar keine herkömmlichen Frachter mehr. Bewegt werden 80663 Reederei-eigene Container, darunter 58897 Stück Standard-Container. Der ansehnliche Rest sind Spezialcontainer. Außerdem besitzt die Reederei fast 5000 eigene Sattelauflieger zum Containertransport auf der Straße.

Schnelles Terminal

Das Geheimnis des Containerumschlages ist die Geschwindigkeit in den Terminals. Kaum hat das Schiff festgemacht, sind auch die Ladebrücken

Ein Container-
Terminal mit
den Lade-
brücken am
Schiff

schon in Position und die erste Box angeschlagen. Eine genaue Logistik
ermöglicht das und erstaunt die staunenden Betrachter einer solchen riesigen Lagerfläche, auf der die Container in vielschichtigen Lagen abgestellt sind, immer wieder. Ein Ladeplan berücksichtigt bereits, welche
Container wo an Bord abgestellt werden. Nur durch wenig Umstellen
und unnötiges Hieven läßt sich der Hafenaufenthalt möglichst kurz halten. Die Brückenzeiten kosten darüber hinaus zusätzliches Geld. Reedereien, Laderechner und auch Stauer versuchen hier das Optimum her-
auszubekommen. So kann es durchaus zu „Container-Gebirgen" kommen, wenn das rationeller ist. Per Computer kann man die Ladewege der
riesigen Containerbrücken bereits optimieren.

Mehrere Ladebrücken, die wasserseitig die gesamte Schiffsbreite
abdecken, hieven die Container. Beim Umschlag so vieler Einheiten
macht sich bereits bemerkbar, wenn der Container am Kran zu sehr pen-
delt. Diese Sekunden wirken sich auf die Ladegesamtzeit schon aus.
Noch nicht einmal anderthalb Minuten rechnet man für das Entladen
eines Containers. Von den Brücken wird in den Terminals die Box entweder gleich auf ein Fahrzeug umgeladen, oder ein Van Carrier – ein

spinnenähnliches nach allen Seiten steuerbares Gefährt – nimmt den Behälter auf und fährt ihn im Terminal an eine vorher bereits festgelegte Stelle. Im Computerplan ist der Stellplatz codiert festgelegt. Nur durch dieses verzahnte Arbeiten, das zu einem scheinbar wirren Hin- und Herfahren und Auf- und Abladen führt, läßt sich die maximale Umschlaggeschwindigkeit erreichen.

Computer hilft beim Umschlag

Die Computer geben heutzutage das Tempo in den Containerterminals an. Erforderlich sind dazu auch gut ausgebildete Umschlagleute. Einfache Hafenarbeiter, die nur Säcke schleppen können, sind kaum noch gefragt. Auch ist die Verantwortung erheblich gestiegen. Ein nicht richtig verzurrter Container kann die gesamte Ladung auf hoher See ins Rutschen kommen lassen, das Anschlagen der Container muß mit hoher Präzision erfolgen und ein falsches Abstellen eines Containers würde ihn zunächst auf Nimmerwiedersehen verschwinden lassen.

Die Bezeichnung „Teleport", die sich Bremerhaven und Bremen gegeben haben, weist auf diese enge Datenverbund-Verflechtung zwischen den Befrachtern, Maklern, Speditionen, Reedereien, Zoll und den anderen beteiligten Firmen und Stellen hin. In Miami läßt sich der Umschlag in Bremerhaven über ein weltweites Kommunikationsnetz genauso verfolgen wie in Peking.

Club der Container-Millionäre

Gleich zwei deutsche Häfen befinden sich in der Gruppe der Container-Millionäre. Hamburg konnte dabei seine Position unter den ersten 20 im vergangenen Jahr noch verbessern und Keelung und New York hinter sich lassen.

Am meisten Container wurden 1990 in Singapur mit 5,2 Millionen 20-Fuß-Einheiten (TEU) umgeschlagen, das damit Hongkong auf den zweiten Platz verwies. In Rotterdam auf Platz drei waren es 3,63 Millionen TEU, auf den weiteren Plätzen folgen nach dieser Statistik Kaohsiung, Kobe, Pusan, Los Angeles und Hamburg. Während die Hafengruppe

New York/New Jersey mit 1,9 Millionen TEU einen Rückgang von 4,5 Prozent gegenüber dem Vorjahr hinnehmen mußte, legte der Hamburger Hafen um 14 Prozent auf 1,97 Millionen TEU zu. Auf den weiteren Plätzen folgen Keelung, Long Beach, Yokohama, Antwerpen, Tokio, Felixstowe, San Juan und auf Platz 17 mit 1,18 Millionen TEU die Hafengruppe Bremerhaven/Bremen.

Die Hafenliegezeit beträgt inzwischen meist nur noch Stunden. Zum Landgang ist für die Besatzung von Containerfrachtern kaum noch Zeit. Schließlich müssen während der Liegezeit, bei der auch alle Mann an Deck benötigt werden, Brennstoff und Proviant gebunkert werden. Aber das ist auf Containerschiffen auch nicht anders als auf den üblichen Frachtern.

Mit sehr großen Containerfrachtern wird nur eine bestimmte Zahl von großen Häfen regelmäßig angefahren. Das sind Handelsmetropolen, die verkehrsgünstig liegen und von denen auch ein entsprechendes Containeraufkommen erwartet werden kann.

Zubringerdienst für Container

Der Container muß aber nun nicht nur per Laster oder Waggon zum Terminal gelangen: Viele Container werden auch von kleineren Häfen oder Häfen, die nicht an den Hauptschiffahrtslinien liegen, per Schiff befördert. Diese Schiffe heißen „Feeder", weil sie in der Anfangszeit dazu dienten, die großen Container-Jumbos mit Ladung zu „füttern". Diese Sammeltransporte machen den Containerumschlag besonders rentabel, weil im Terminal die Verkehre gebündelt werden können.

Ein anderer Spezialverkehr sind die „Round the World"-Dienste. Dazu werden Frachter in einem Reiseverkehr rund um die Welt eingesetzt. Die Bremer Senator Linie organisiert zusammen mit anderen Reedereien einen solchen Dienst. Die Schiffe fahren ost- und westwärts um die Welt und nehmen dabei in den nach Fahrplan bedienten Häfen je nach Bedarf Ladung auf oder laden ab. Diese Rundreisen bieten gegenüber den Atlantik-, Fernost- oder Australien-Diensten Vorteile, erfordern aber auch einen hohen logistischen Aufwand. Etwa 80 Tage brauchen die Schiffe für eine Rundreise.

63

Ein Schiff auf Raten

Ein Küstenmotorschiff kostet 10 Millionen Mark, ein mittlerer Containerfrachter etwa 80 Millionen Mark und für ein Passagierschiff muß man so je nach Größe zwischen 150 und 350 Millionen Mark ausgeben. Doch wie werden Schiffe finanziert, wie kommt die Investitionssumme zusammen und – was ja auch wichtig ist – wer zahlt die laufenden Betriebskosten von der Heuer bis zum Brennstoff und den Hafengebühren?

Nichts mit Reden zu tun haben die Reeder. Sie arbeiten lieber eher im stillen. So nutzen sie auch vielfältige Informationen über Marktentwicklungen im In- und Ausland. Der Ausdruck „Reeder" stammt vom holländischen Redde (vielleicht mit ähnlicher Bedeutung aus dem englischen als „ready" besser bekannt). Es bedeutet Bereitmacher und Ausrüster. Wer ein eigenes ausgerüstetes Schiff für Fracht oder mit Ladung bereithielt, war halt ein Reeder. Auf Reede liegen übrigens Schiffe, die auf ihre Abfertigung vor dem Hafen warten.

Ein Reeder muß heute keineswegs der Eigentümer eines Schiffes sein. So gibt es eine Reihe von Reedereien, die nur für die Verwaltung oder Beschäftigung eines Schiffes sorgen. Charterer sind Seefahrtsunternehmen, die das Schiff auf Dauer oder für eine bestimmte Zeit vom Eigner übernehmen, quasi mieten. Eigner können Privatleute oder Unternehmen sein, die vielleicht gar nichts mit der Küste zu tun haben, aber hier ihr Geld sinnvoll anlegen wollen. Es gibt auch Kapitänsreeder. Das sind vor allem in der Küstenschiffahrt Kapitäne, die mit ihrem eigenen oder teilweise ihren Banken gehörendem Schiff fahren. Und da gilt der Begriff „Raten" für die Finanzierung auch. In der Schiffahrt meint man mit Raten jedoch die Summen, die für die Nutzung des Schiffsraumes abgeschlossen werden. Hier fließen die Betriebs- und Kapitalkosten und Gebühren mit ein. Außerdem wollen alle Beteiligten möglichst – trotz starker Konkurrenz – nicht zuzahlen.

Reeder, Makler und Agenten

Sinn und Zweck der ganzen Schiffahrt ist der Transport von Fracht. Darum kümmern sich die Reedereien, die mit ihren Frachtabteilungen mitunter auch zur besseren Auslastung von Schiffsraum, Personal,

Umschlaggerät und Transportkapazitäten mit anderen Reedereien zusammenarbeiten. Die Befrachtung ist Aufgabe der Makler und Agenten. Die Makler handeln mit Schiffsraum, während die Agenten sich vor Ort um die Ausrüstung, die Ladepapiere und auch beispielsweise das Bestellen der Festmacher kümmern. Hier kann es auch Überschneidungen geben. Agenten vor Ort ersparen vielen Reedereien, weltweit ein eigenes Mitarbeiternetz vorhalten zu müssen, während ihre Makler sich um weitere Beschäftigung der Schiffe kümmern, indem sie Fracht annehmen oder Frachtraum vermitteln.

Dazu kommt auch der An- und Abtransport zum Hafenkai, der ebenfalls mit dem richtigen Transportmittel und Zeitplan organisiert werden muß. Hier werden wiederum Spediteure eingeschaltet. Bei Großreedereien sind diese Geschäftsbereiche nicht nur meist zusammengefaßt, sondern sie haben auch eigene Angestellte in allen wichtigen Häfen.

Genau festgelegt ist auch die Zuständigkeit bei der Abfertigung mit den erforderlichen Frachtpapieren. Nicht nur der Zoll verlangt hier genaue Auskunft, sondern auch Reedereien, Umschlagbetriebe und Spediteure. Schließlich richten sich auch deren Tarife nach Art und Gewicht der transportierten Güter. So ist es billiger, Schrott zu transportieren als Autos. Der Aufwand und die Sorgfalt, aber auch der Personalbedarf ist für das höherwertige Gut, das aber auch größere Erlöse bringt, natürlich höher.

Wieviel Zusammenarbeit erforderlich ist und welche komplizierte Logistik bedacht werden muß, bevor so ein Schiff festmachen und wieder auslaufen kann, soll hier beispielhaft beschrieben werden.

Fahrplan für die Fracht

Bei Containerfrachtern im Linienverkehr steht der Fahrplan bereits fest. Die Reederei befindet sich in ständigem Kontakt zum Schiff und kennt daher den Standort, aus dem die voraussichtliche Ankunftszeit errechnet werden kann. Sie kann aber auch dem Kapitän nach Abstimmung mit den Befrachtern und Hafenverwaltungen eine bestimmte Ankunftszeit vorgeben, die er durch Beschleunigung oder Verringerung der Geschwindigkeit einhalten muß. In Kontakt mit dem Kapitän wird hier

versucht, das Optimum zu erzielen: Geschwindigkeit kostet Geld, Nicht-
einhaltung von Terminen viel Ärger.

Ein Frachter, der Ladung aus Zeit- oder Platzmangel zurücklassen muß,
ist ebenfalls ein teurer Spaß für die Reederei. Am besten wäre es, wenn
genausoviel Ladung am Ankunftshafen bereitstände, wie das Schiff in
optimaler Zeit stauen kann. Vor allem in der Trampschiffahrt geht es
hier darum, das Ladungsaufkommen und die Zielhäfen, Hafengebühren,
Umschlagtarife und Frachtmengen mit Terminplänen so zu steuern, daß
es möglichst wenig Umwege gibt. Erfahrene Kapitäne an Land, Schiff-
fahrtskaufleute und Speditionsfachleute sorgen hier teilweise sogar in
Absprache sonst konkurrierender Unternehmen („Ein gemeinsames
gutes Geschäft ist besser, als wenn zwei Firmen zweimal zuzahlen")
dafür, daß der Seetransport unter weltweitem Wettbewerbsdruck doch
noch etwas einbringt. Einbezogen werden müssen dazu auch die Waren-
ströme und ihre Kosten: So ist für den Schiffstransport aus Übersee nicht
viel mehr zu bezahlen, als diese Güter anschließend von der Küste zum
Empfänger in Süddeutschland zu bringen.

Hohe Betriebskosten

Zur Kostenseite gleich noch mehr: Die Treibstoffkosten einschließlich
Schmierstoff machen etwa 30 Prozent, Maschinenwartung und Instand-
haltung fünf Prozent, Personalkosten etwa 25 Prozent, Verwaltungsko-
sten 0,4 Prozent, Versicherungen 7,5 Prozent und Kapitaldienst 28,6
Prozent für einen Frachter auf der Nordatlantikroute aus. Nicht enthalten sind hier Steuern und die Umschlag- und Hafengebühren, die einen
erheblichen Anteil ausmachen, aber kaum als Durchschnittswerte zu
errechnen sind.

Zu den Gebühren gehören auch die Aufwendungen der Reedereien für
Schlepper und Lotsen. Je nach Schiffsgröße, -art und Einsatzzeit wer-
den diese Beträge errechnet. In vielen Fahrtgebieten besteht Lotsen- und
Schlepperannahmepflicht. Der Kapitän, der dafür verantwortlich ist,
muß dann einen Lotsen zur Beratung an Bord nehmen. So soll das
Unfallrisiko verringert werden: Die Lotsen kennen ihr Revier wie ihre
Westentasche und können so als Kapitäne mit langjähriger Erfahrung

ihrem Kollegen für die Schiffsführung wichtige Informationen geben.

Lotsen helfen dem Kapitän

Lotsen arbeiten in Deutschland quasi als freiberufliche Kapitäne. Sie sind sowohl für die Flüsse als auch für See in eigenen Brüderschaften zusammengeschlossen. Damit wird garantiert, daß immer genug erfahrene Lotsen vorhanden sind und daß die nicht leichte Aufgabe, auf ständig wechselnden

Ein Lotse kommt über die Strickleiter an Bord

Schiffen mit Besatzungen aus allen Nationen verantwortungsvollen Dienst tun zu müssen, gerecht verteilt wird.

Auch in schwerer See werden die Lotsen auf den kleinen Booten zu ihrem Einsatzort in der Deutschen Bucht gebracht. Auf Jakobsleitern – das sind Strickleitern, die außenbords hinabgelassen wurden – mußten sie an Bord klimmen. Auch mit den inzwischen komfortableren Lotsenleitern auf Neubauten, die eher Gangways ähneln, ist das bei Seegang immer noch eine gefährliche Aufgabe. Um die Lotsenorganisation zu verbessern, werden sie heute mit Hubschraubern von Positionen in der Deutschen Bucht an Bord gebracht. Das ist zwar zeitlich schneller, aber in rauhem Wetter auch nicht besonders komfortabel.

Harte Arbeit gibt es auch für die Schlepperkapitäne und -besatzungen. Auch wenn viele Frachterreedereien darüber schimpfen, weil es für sie ein teurer Spaß ist: In vielen Häfen gibt es Schlepperpflicht. Sollte es zu einer unsanften Berührung der Kaimauer kommen, weil kein Schlepper eingesetzt wurde, zahlt der Reeder. In Bremerhaven müssen die Schlepper immer auf Position vor der Stromkaje gehen, wenn ein Schiff

67

kommt. Dabei - so erklären Kapitäne und Reeder immer wieder - bräuchten sie bei normalen Wetterlagen diese Assistenz dank Bugstrahlruder und leistungsfähiger Navigationshilfsmittel ihrer modernen Schiffen eigentlich gar nicht mehr immer.

Beim Bunkern sparen

Zu den großen Kosten-Posten gehört der Brennstoffverbrauch. Auch hier zahlt sich optimale Planung im Reedereibüro aus: Viele 100 Tonnen Brennstoff nutzlos herumzufahren, kostet Geld, wie auch lange Wartezeiten zum Bunkern in billigen Häfen. Zur Routenplanung gehört auch das Festlegen der Bunker-Häfen. Da wird nach Tagespreisen für außerdem sehr unterschiedliche Brennstoffqualitäten abgerechnet. Das Abschätzen des Brennstoffverbrauches ist ebenfalls keine leichte Aufgabe: Die Geschwindigkeit wirkt sich erheblich auf den Verbrauch aus, wie auch Wind, Strömung und Wetter Einfluß haben. Der Unterschied gegenüber der Luftfahrt ist also gar nicht so groß, sieht man davon ab, daß ein Schiff bei Treibstoffmangel nicht abstürzen kann und die Reserven an Bord von Seeschiffen dennoch erheblich sind.

Vor dem Auslaufen muß die Besatzung komplett sein. In der Musterrolle ist genau vorgegeben, welche Posten besetzt sein müssen. Die Hafenbehörden kontrollieren das. Nahrungsmittel und Frischwasser sind an Bord genommen worden, und der Zoll hat auch die Abfertigung vorgenommen. Dazu müssen alle Ladepapiere vorgelegt werden. Diese Papiere nehmen immer breiteren Raum ein. Daher sorgt inzwischen die elektronische Datenverarbeitung mit einem weltweiten Datenaustausch dafür, daß diese Unterlagen der Ladung voranreisen können. Das spart beim gesamten Transportvorgang Zeit. Der Zoll und die Hafenverwaltungen können Problemgüter herauspicken und Stichproben festlegen.

Pfennigbeträge sind entscheidend

Beim Auslaufen eines Schiffes beispielsweise mit Futtermitteln oder Öl steht gar nicht immer fest, wohin die Ladung geht. Hier entscheiden Makler für diese Trampschiffe, wo die ganze oder Teile der Ladung gelöscht werden, um den größten Erlös zu bringen. Dabei wird sehr genau gerechnet, wie überhaupt in der gesamten Schiffahrt mit sehr spitzem Bleistift kalkuliert werden muß. Schließlich stellen Schiffe und ihre Ladung Werte von vielen 100 Millionen Mark dar, doch über den wirtschaftlichen Erfolg entscheiden in einem weltweiten harten Wettbewerb manchmal Pfennigbeträge, die sich bei diesem Transportvolumen zu Millionensummen addieren können.

Marktanalyse vor der Bestellung

Bevor ein Schiff bestellt wird, gibt es genaue Marktanalysen. Reeder beauftragen Fachleute, den Bedarf für die Beschaffung neuer Tonnage festzustellen. Bei größeren Linienreedereien wird dies auch selbst gemacht. So ist dort bekannt, auf welchen Routen noch Frachtkapazität fehlt oder wo sich neue Märkte auftuen könnten. Weltweit sind durch sich ständig ändernde Wirtschaftsbeziehungen und Handelsströme dazu viele Kontakte erforderlich. In den vergangenen Jahren brauchte es nicht viel Fingerspitzengefühl: Der Bedarf an Containerschiffen schien unersättlich. Immer neue Kapazitäten waren für den Handel zwischen Europa und Fernost erforderlich. Dafür sank der Anteil an konventionellem Stückgut.

Die „Vladivostok" ist einer von zehn von russischen Reedereien in Bremen und Kiel bestellten Containerfrachtern

Die Reederei, die ein Schiff bestellen will, spricht auch mit den Nutzern des geplanten Schiffes. Das sind Agenten, Charterer oder auch selbst Reedereien. Hier werden Übereinkünfte getroffen. Auch eine Mitfinanzierung oder leichtere Kapitalbeschaffung ist so denkbar, wenn bereits vor dem Stapellauf die Beschäftigung des Schiffes feststeht. Üblich ist auch, daß eine Reederei ein Schiff bestellt und bezahlt, es aber an eine Reederei auf eine bestimmte Zeit verchartert. Wenn diese Reederei das gesamte Schiff einschließlich aller anfallenden Kosten übernimmt, spricht man von Bareboat-Charter.

Das ganze Schiff gemietet

Für den Charterer kann sich so etwas durchaus rechnen: Er braucht nicht die Investition zu tätigen, muß aber für die Zinsen, laufende Kosten und Versicherung aufkommen. Auch kann er in der Regel das Schiff weiterverchartern. Für eine begrenzte Zeit ist auf Antrag bei einem unter deutscher Flagge fahrenden Schiff eine Ausflaggung möglich, das heißt, das Schiff fährt unter finanziell günstigeren Bedingungen für den Charterer unter einer ausländischen Flagge. Aber soweit sind wir ja noch nicht: Das Schiff ist ja noch gar nicht gebaut.

Gespräche mit Werften sind zunächst erforderlich. Ihre Projektabteilungen befassen sich mit nichts anderem, als ständig Pläne von wunderschönen Schiffskonstruktionen in der Schublade zu haben und auf deren Realisierung zu warten. Der Auftraggeber gibt den gewünschten Schiffstyp, Abmessungen, meist auch schon Sonderwünsche (Anordnungen für bestimmte Fahrtgebiete, Eisverstärkung, Kräne, Motorausrüstung) an und dann werden mit diesen Angaben Entwürfe gezeichnet und Preise kalkuliert.

Wichtig ist bei dieser Anfrage auch der vorgesehene Ablieferungstermin. Wenn es der Reeder eilig, die Werft aber gerade viel zu tun hat, muß sie Überstunden bezahlen, und das verteuert ein Schiff. Wenn sie dagegen gerade eine Auftragslücke hat, bedeutet dies natürlich einen geringeren Gesamtpreis, bevor das Unternehmen nur hohe Grundkosten, aber keine Arbeit hat. Zusätzlich fließen auch Zuschüsse mit ein: Die Werften erhalten zur Stützung der Schiffbaubetriebe, vor allem gegen die Dumpingpreise in Fernost, Zuschüsse. Für westdeutsche Werften sind dies gegenwärtig bis zu 9,5 Prozent, während innerhalb der Europäischen Gemeinschaft weitaus höhere Subventionen, versteckt manchmal auch über Zinszuschüsse, fließen.

Für Auftraggeber zählt Termintreue

Für die Wahl der Bauwerft sind aber noch andere Dinge entscheidend. So gibt es für einige Reedereien Stammwerften. Dabei fließt die gute Zusammenarbeit in die Konstruktion und Ausrüstung der Neubauten ein. Dieses Miteinander ist überhaupt für Schiffsneubauten wichtig: Zwar bestimmt letztlich der Auftraggeber, wie sein Schiff aussehen wird und gibt eine Vielzahl von Wünschen vor. Die Spezialisten der Werft müssen dafür sorgen, daß ein optimales Ergebnis trotz widersprechender Vorgaben (billige Baukosten, aber auch geringe Betriebskosten) dabei herauskommt. Ein weiterer Grund ist auch die Termintreue. Gerade bundesdeutsche Werften haben sich im internationalen Wettbewerb hier einen Namen gemacht. So wurden hier Großaufträge auf den Tag genau abgeliefert, während – um ein Negativbeispiel zu nennen – die Fähre „Stena Germanica" aus einer Reihe von Gründen mit fünfjähriger Verspätung von ihrer polnischen Werft fertiggestellt wurde. Der gigantische Umbau des Luxus-Kreuzliners „Queen Elizabeth 2" auf der Bremerhavener Lloyd Werft GmbH sorgte weltweit für Aufsehen. Die engen Termine wurden auf den Tag genau gehalten.

Absichtserklärungen und Optionen

Die Bauwerft gibt ein Preisangebot ab, auf dem dann die Kalkulation der Finanzierung für den Auftraggeber beruht. Meist haben sich beide Seiten schon vorher in einem „Letter of Intend" – einer Absichtserklärung – darauf geeinigt, wenn ein solches Schiff gebaut werde, daß es auf dieser Werft der Fall sein wird. Absichtserklärungen sind zwischen Reedereien und Werften etwas Schönes, doch häufig bleibt es dabei alles auf dem Papier. So zum Beispiel das gigantische Projekt des norwegischen Kreuzfahrt-Reeders Knut Kloster, der eine schwimmende Hotelstadt für 6000 Passagiere von einem Konsortium deutscher

Werften bauen lassen wollte. Auch Optionen gibt es hier häufig. Die Werft erklärt, daß sie zu gleichen Konditionen ein Schwesterschiff für die Reederei nachbauen würde. Optionen, die durchaus Bestandteil des Bauvertrages sein können, werden häufig aber nicht eingelöst. Die Werft hätte von ihnen den Vorteil, ihre Erfahrung mit dem Vorbau, günstigere Einkaufsbedingungen und auch eine entsprechend schnellere und rationellere Fertigung in einer Art Serieneffekt nutzen zu können. Auch kann sie die hohen Entwicklungkosten für einen maßgeschneiderten Schiffstyp leichter wieder hereinholen. Diese Projektkosten machen etliche Millionen Mark aus.

Geldgeber gesucht

Die Finanzierung des Schiffes muß vor Abschluß des Bauvertrages gesichert sein. Wenn der genaue Preis feststeht, verhandeln die Auftraggeber mit verschiedenen Kapitalgebern. Dazu gehören Schiffshypothekenbanken, aber auch Allfinanzinstitute wie Bremer Landesbank oder Deutsche Bank. Schiffahrtspleiten gab es früher etliche, und sie führten zu einer Verunsicherung der Geldgeber. Diese legen heute besonderen Wert auf mit langfristig zuverlässigen Charterern abgeschlossene Verträge und prüfen auch die Reedereien auf Herz und Nieren, bevor sie sich in eine Schiffsfinanzierung einlassen. Das war vor einigen Jahren nicht so. Da wurden zu Zeiten ständigen Wachstums und Flotten-Expansionen auch windige Finanzierungen mit gutem Geld bestückt.
Die Geldgeber sind vorsichtiger geworden. Bürgschaften, die beispielsweise die Länder Bremen und Schleswig-Holstein, aber auch Niedersachsen nach umfangreicher Prüfung geben, sorgen für eine abgesicherte Finanzierung.

Steuervorteile mit Schiffsbeteiligungen

Damit sich Bürger bereitfinden, Geld zur kapitalintensiven Finanzierung von Schiffen lockerzumachen, winken hier eine Reihe von Steuervorteilen und eine beachtliche Rendite. Das ist keineswegs eine windige Sache, bei der ein erhebliches Risiko mit hohen Verlustzuweisungen abgedeckt wird. Die Münchener Conti-Reederei als eine der größten

Von Anteilseignern finanziert: die „Contship La Spezia" der Münchener Conti-Reederei

Kapitalsammelstellen verweist als Spezialist auf diese grundsoliden Schiffsfinanzierungen. Selbst ein jäher Verfall der Frachtraten ist durch entsprechende Chartergarantien oder Rücklagen abgedeckt.

Mehr als eine halbe Milliarde Mark werden jährlich über solche Privat-Anleger bei Schiffsbeteiligungen aufgebracht. Nur so kommt überhaupt noch ausreichend Kapital für die deutsche Schiffahrt zusammen. Die Conti-Reederei, die allein im vergangenen Jahr hier Investitionen in Höhe von 151 Millionen Mark zusammenbrachte, hat in den 21 Jahren ihres Bestehens mit ihren Gesellschaftern 1,7 Milliarden Mark investiert. Derzeit hat die Münchener Reederei 23 Schiffe mit 26 129 Container-Stellplätzen und einer Tragfähigkeit von 547 607 Tonnen weltweit im Einsatz.

Aber wie funktioniert nun diese Schiffsfinanzierung, bei der alle, vom steuersparenden Kapitalanleger bis zu den Werften, profitieren? Die Anleger beteiligen sich als Kommanditisten an einer Schiffsgesellschaft. Ob das Kreuzfahrtschiff „Europa" oder das Kümo „Ariadne" - heutzutage sind aus einer Reihe von Gründen meist kompliziert klingende

Gesellschaften in Form von KG und GmbH & Co. KG die Eigner. Das nutzt auch die Conti-Reederei. Hier sind nicht nur ein kleiner Kreis, sondern sind einige hundert Gesellschafter im Rahmen von Personengesellschaften beteiligt.

Niedriges Fremdkapital von weniger als 40 Prozent minimiert das Risiko weiterhin. Weil in der Schiffahrt nach wie vor die Frachtpreise und Schiffskosten im erheblichen Schwankungen unterliegenden US-Dollar abgeschlossen werden müssen, wurde bei jüngsten Neubauten die Hälfte der Finanzierung in Dollar abgewickelt. Die Einnahmen können dann ohne Wechselkursverluste zur Tilgung der in Dollar abgeschlossenen Hypotheken verwandt werden.

In einer Stückelung von 10 000 Mark werden die Anteile aufgebracht. Die Gesamtinvestition für ein modernes Containerschiff, wie die zu guten Raten festvercharterte „Contship Barcelona" von knapp 75 Millionen Mark, wovon die Kommanditisten 38,2 Millionen aufbringen, wird durch Steuervorteile versüßt. Dazu kommen auch die Erlöse aus dem späteren Schiffsverkauf. Dazu gibt es eine Reihe verschiedener Finanzierungsmodelle, die maßgeschneidert für die Anleger sind und dabei auch die Aussichten der Schiffahrts- und Finanzmärkte, aber auch die Schiffbaukosten nach genauesten Marktanalysen einschließen.

Das Schiff wird gebaut

Nach Abschluß des Bauvertrages beginnt die Werft mit der Bestellung des Schiffbaustahles und der erforderlichen Komponenten, die teilweise durchaus längerfristige Lieferzeiten haben. So werden Schiffsmotoren nicht so einfach von der Stange geliefert. Auch die großen Maschinenbaufirmen, die Schiffsmotoren herstellen, brauchen für die Fertigung und Probelauf dieser Aggregate je nach Größe bis zu einem Jahr.

Mit der Kiellegung wird auch die erste Abschlagsrate für die Werft fällig. Weitere folgen je nach Baufortschritt des Schiffes. Schon vorher wurde die Gewährung von Schiffbaubeihilfen, die die Kreditanstalt für Wiederaufbau auszahlt, beantragt.

Der Kampf um Marktanteile

Bis zur Höchstgrenze von 9,5 Prozent erhalten deutsche Werften nach Einzelnachweis einen Zuschuß für die Wettbewerbsnachteile, die sie im Hochlohnland Deutschland haben. Andere Staaten zahlen hier zur Stützung ihrer Werften weitaus höhere Zuschüsse, gewähren Zinsbeihilfen oder gar zinsfreie Finanzierungen oder Chartergarantien für den Reeder. Hier hat in den vergangenen Jahren ein Subventionswettlauf stattgefunden, an dem auch europäische Regierungen beteiligt waren. So hatten Passagierschiffe und Fähren von Werften aus Finnland nicht nur den Ruf, besonders luxuriös, sondern dafür auch noch billig zu sein. Die fin-

In Finnland mit Verzögerung gebaut: die Super-Fähre „Silja Serenade"

75

nischen Werften exportierten sehr rege Fracht- und Spezialschiffe in die UdSSR. Zur Förderung des Exportes, der teilweise als Gegenleistung für Erdgas- und Erdöl-Lieferungen erfolgte, wurden dafür besondere Verrechnungseinheiten von der Regierung gesetzt. Das führte zu einem beachtlichen Auftragsbestand. Die Grundauslastung der Werften, die nicht um jeden Auftrag zu kämpfen brauchten, sondern beachtliche Ausgleichszahlungen erhielten, war gesichert. So waren auf dem Weltmarkt günstigere Preise bei interessanten Aufträgen möglich, andererseits durch die Abarbeitung von Großserien schon frühzeitig die Einführung rationellerer Fertigungstechniken. Die Devisenschwäche der UdSSR und eine Verringerung der staatlichen Zuschüsse brachten die größte finnische Werft, Wärtsilä in Helsinki und Turku, ins Schlingern. Sie mußte von ihren größten Auftraggebern aus dem Konkurs gerettet werden. Inzwischen gehört sie neben geringen Anteilen der finnischen Staatsbank mehrheitlich dem norwegischen Kvaerner-Konzern.

Überkapazitäten abgebaut

Subventionen sind also keineswegs gut, und nach der letzten Schiffbaukrise 1987 ist es den westdeutschen Werften gelungen, gesundzuschrumpfen. Die Überkapazitäten auf den Schiffbaumärkten hatten zu einem Preisverfall geführt, doch dennoch wollte keine Werft ihren Betrieb verkleinern. Es kam zu einigen Pleiten. Nicht nur die AG Weser in Bremen wurde geschlossen, die Harmstorf-Gruppe mit Schiffbaubetrieben in Flensburg, Lübeck und Rendsburg meldete Konkurs an. Es kam auch zu Fusionen und Übernahmen, wie beispielsweise die Schichau Seebeckwerft AG und HDW Nobiskrug.

Gezwungen waren die Betriebe im Rahmen der Umstrukturierung zur Entlassung von einigen tausend Mitarbeitern. Arbeiteten 1975 noch 80000 im westdeutschen Schiffbau, waren es 1990 knapp 30 000. Dazu kommen jedoch die ebenfalls noch 30 000 Mitarbeiter der ostdeutschen Werften, wo die erheblichen strukturellen Probleme erst noch gelöst werden müssen. So war auf ostdeutschen Werft der Anteil der Zulieferer gering: Vom Dichtungsring bis zum Bolzen wurde alles auf der Werft selbst gefertigt.

Gefährliche Subventionspraxis

Mit beträchtlicher Rationalisierung und Optimierung der Schiffbaufertigung auch durch Computereinsatz und moderne Verfahren sind deutsche Werften heute auf dem Weltmarkt konkurrenzfähig. Von der Technik und Pünktlichkeit her sind deutsche Schiffbauer immer schon unschlagbar gewesen und so haben Schiffe aus Deutschland, auch wenn sie teurer waren, einen hervorragenden Ruf. Doch einem Reeder, der mit dem Pfennig rechnen muß, nützt das nicht viel. Die Werften in Fernost, vor allem in Japan und Korea, sind billiger. Vor zwei Jahren wurde den Koreanern nachgewiesen, daß ihre Preise für fertige Schiffe unter denen der Materialkosten lagen. Hier wurde von politischer Seite bei interessanten Aufträgen – beispielsweise neue Containerfrachter-Konzepte, die von deutschen Werften entwickelt worden waren, und erste Passagierschiffe aus Japan – erheblich subventioniert.

Damit sollen ein Know-how-Transfer und der Einstieg in diese Märkte erreicht werden. Langfristig – daran läßt der Umfang staatlicher Schiffbauförderung keinen Zweifel – geht es diesen Regierungen um eine Monopolstellung im Schiffbau. Nachdem sich die USA und auch Großbritannien inzwischen weitgehend vom Schiffbau verabschiedet haben, sollen hier weitere Nationen über Dumpingpreise herausgedrängt werden. Die Politik ist die gleiche wie im Bereich von Optik und Unter-

Zu Wasser rauscht hier beim Stapellauf der Rumpf einer Ostsee-Fähre

haltungselektronik. Auch hier wollen Koreaner und Japaner, die in der Schiffbauproduktion Platz 1 und 2 mit weitem Abstand innehaben, ein Monopol durchsetzen, mit dem sie dann die Schiffbaupreise diktieren könnten. Daher werden auch erhebliche Forschungsmittel von den Japanern in den Schiffbau gesteckt. Dort hat man längst die Bedeutung dieser Branche auf der einen Seite als Lieferant von Transportmitteln für eine exportorientierte Nation, aber auch die Nutzung von Technologien aus dem Schiffbau für andere Wirtschaftszweige erkannt.

Aber nach diesem Kapitel Weltwirtschaftspolitik wieder zurück zu unserem auf einer deutschen Werft bestellten Neubau.

Ein spannender Moment: Der Stapellauf

Der Rumpf ist inzwischen fertig und es kann zum Stapellauf kommen. Dabei nimmt das auf dem Helgen an Land gebaute Schiff zum erstenmal Kontakt mit seinem Element auf. Heute ist diese Prozedur seltener geworden. Die meisten Schiffe entstehen in Baudocks. Dort werden die Stahlsektionen zusammengebaut. Wenn der Rumpf fertiggestellt ist, wird das Dock geflutet und das Schiff schwimmt einfach auf. Diese Prozedur ist natürlich weniger feierlich als ein spannender Stapellauf, bei dem das Schiff vom Helgen rauscht. In Flensburg blieb dabei ein Mehrzweckschiff für die Bundesmarine trotz aller moderner Technik Ende 1989 einfach stecken.

Beim Stapellauf, beim Aufschwimmen, spätestens aber vor der Jungfernreise erfolgt die Taufe des Schiffes. Bis dahin war das Schiff in den Akten der Werft und der Bauaufsicht nur eine

Auf der Ablaufbahn des Helgen läuft dieses Schiff vom Stapel

schmucklose Nummer. Der Reeder ist für den Schiffsnamen zuständig. Bis 1990 mußten diese sogar beim Bundesamt für Schiffsvermessung genehmigt werden. Ob das nun Traditionsnamen der Reederei sind oder Hinweise auf die Linie oder bei Kapitänsreedern der Name der Gattin – Schiffsnamen sind immer weiblich. Es heißt die „Hannover" wie die „Ville de Jupiter" und die „Mond".

Auch getauft wird immer vom schwachen Geschlecht. Die Patin wünscht in ihrem Taufspruch dem Schiff traditionell immer eine Handbreit Wasser unter dem Kiel. Danach gilt es, eine Sektflasche am Rumpf des Neubaues zu zerschmettern. Auch hier haben moderne Technik und Unfallverhütungsvorschriften Einzug gehalten. Die Schaumweinflasche ist mit einem Sicherheitsnetz versehen. Kipp- und Fallvorrichtungen sorgen auf einigen Werften dafür, daß die Flasche gleich beim ersten Versuch zerschellt. Doch solche „Taufmaschinen" gibt es nicht überall.

Die Ausrüstung des Schiffes geht weiter. Während der Rumpf meistens recht schnell gefertigt ist, dauern die Feinarbeit beim Innenausbau und die Ausrüstung meistens etwas länger. Hier werden von vielen Werften auch Subunternehmer eingesetzt. Das sind Handwerksbetriebe oder auch Leutevermittler, die die erforderlichen Spezialisten an der Hand haben. Selbst die großen Werften können heute nicht mehr für alle Gewerke die erforderlichen Fachkräfte ständig beschäftigen. Wenn auf der Werft gerade mit dem Bau eines Gastankers begonnen wird, dann haben zwar die Metallbauer und Schweißer viel zu tun, nicht aber die Tischler.

Planung ist wichtig

Die Personalplanung ist wichtig, wenn es darum geht, Termine einzuhalten. Vor allem im Bereich der Schiffsreparaturen wäre ohne einen solchen ausgetüftelten Netzplan die Abwicklung von Großumbauten gar nicht möglich. Drei Beispiele solcher Mammutvorhaben: Die Neumotorisierung und komplette Modernisierung der „Queen Elizabeth 2" und die Vergrößerung des größten Passagierschiffes der Welt, der „Norway" in nur 30 Tagen, beides auf der Bremerhavener Lloyd Werft. Auf der Papenburger Meyer Werft wurde die von ihr 1986 als „Homeric" abge-

liefertes Kreuzfahrtschiff „Westerdam" um 40 Meter verlängert. Alle die Aufträge wurden – auch dank umfangreicher Vorbereitungen und erheblichen Überstunden – pünktlich abgeliefert. Ausländischen Werften war das Risiko zu groß gewesen.

Planung ist gerade angesichts der heute nur noch sehr dünnen Personaldecke deutscher Werften sehr wichtig. Nur so kann auch ein Rationalisierungseffekt durchschlagen. Im Werftenverbund des Landes Bremen nutzt man dafür sogar eine Computervernetzung. An jedem Standort kann man hier Daten und Informationen auch über Lagerhaltung und Personalbestand abrufen und für Aufträge innerhalb des mit Bremer Vulkan AG, Schichau Seebeckwerft AG, Neue Jade Werft Wilhelmshaven, Lloyd Werft GmbH sowie weiterer Tochterunternehmen des Metall- und Maschinenbaues bestehenden Datenverbundes nutzen.

Nur durch Rationalisierung können die bundesdeutschen Schiffbauer so wettbewerbsfähig sein. Alles läuft genau nach Plan, und nur Laien wundern sich darüber, daß aus den scheinbar ungeordnet herumliegenden Sektionen, vorgeformten Stahlplatten und Ausrüstungsmaterial ein richtiges Schiff wird. Moderne Werften verfügen über eine auf die Fertigung genau abgestimmte Anordnung der jeweiligen Produktionsabtei-

lung: Plattenlager, Schweiß-Automaten, Sektionen-Fertigung, Trockendock auf der einen und Material- und Installationslager auf der anderen
Seite. Kräne unterschiedlicher Tragfähigkeit sorgen für den Material-
fluß bis zur Endmontage, die heute meistens in Trockendocks stattfin-
det, die teilweise sogar, um unabhängig gegen Witterungseinflüsse zu
sein, völlig überdacht sind. Eine solche Mammut-Schiffbauhalle besitzt
beispielsweise die Papenburger Meyer Werft. Das darin enthaltene 270
Meter lange und 60 Meter breite unterteilbare Baudock erlaubt den Bau
von fast zwei Passagierschiffen gleichzeitig.

Wenn der Termin der Ablieferung eines Neubaues näherrückt, beginnt
auf jeder Werft eine mehr oder weniger hektische Phase. Innen sieht das
Schiff meist noch unfertig aus. Kabeltrommeln, Schweißgas-Leitungen,
Pappkartons und Abdeckungen verursachen einen wenig kompletten
Eindruck. Aber das täuscht: Bisher ist noch jedes Schiff in Deutschland
termingetreu geliefert worden. Nun wird in kaufmännischen Abteilungen gerechnet, ob der Auftrag auch ein wirtschaftlicher Erfolg war.

Zeit ist Geld

Gerade bei Großumbauten kommen viele Unbekannte mit in die Auf-
tragabrechnung. So ist gerade bei älteren Schiffen der genaue Umfang
der Instandsetzungen nur für ganz erfahrene Fachleute abzuschätzen.
Das gilt noch mehr für Reparaturen, wo auch noch unter Zeitdruck Entscheidungen verlangt werden. Wenn ein Schiff eine Grundberührung
oder gar eine Havarie gehabt hat, ist der genaue Schaden meist erst bei
der Dockung erkenn- und danach taxierbar. Die Reederei und der Ver-
sicherer wollen aber so schnell wie möglich wissen, wie hoch die Beseitigung des Schadens, vor allem aber auch wie lange der Ausfall des
Schiffes sein wird. Hier gilt es, möglichst genau den Aufwand abzuschätzen, vor allem, weil die Konkurrenz nicht schläft. Sonst zahlt die
Werft drauf oder erhält den Auftrag nicht, weil man zu teuer bietet. Die
Reeder sind hier aber auch unter erheblichem Druck: Jeder Tag Ausfall
bei laufenden Kosten für Zinsen und Personal und eventuellen Char-
terverpflichtungen bedeutet beträchtliche Summen. Wenn eine Werft
das Schiff wieder schneller in Fahrt bringt, kann sich das selbst bei höhe-

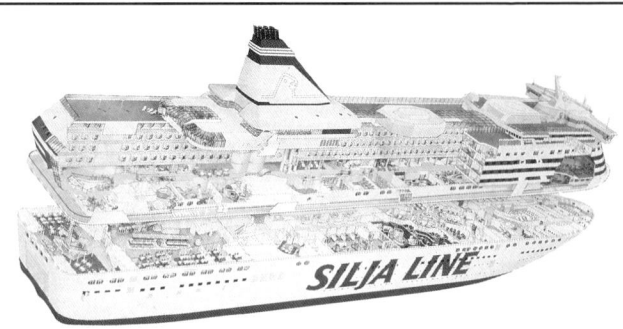

rem Preis rechnen. In der gesamten Schiffahrtsbranche gilt: „Zeit ist Geld."

Ein weiteres Kalkulationsproblem sind der Umfang der Fremdarbeiten und auch der Zulieferer. Sie machen bei Schiffsneubauten inzwischen schon fast zwei Drittel der Produktionskosten aus. Da summieren sich nicht nur Antriebsanlagen, Radar, nautisches Hilfsgerät zu ganz schönen Summen. Bei Passagierschiffen entfällt ein sehr hoher Anteil auf die Ausstattung der Räume.

Ausstattung nicht von der Stange

So eine einfache Kabinenleuchte kostet mehr als eine Wohnzimmerlampe. Das hängt aber nicht etwa damit zusammen, daß die Zulieferer an der Seefahrt richtig verdienen wollen. Eine Rolle spielt vor allem, daß es sich hier um nur geringe Stückzahlen von hochwertig gefertigten Produkten handelt. Um beim Beispiel Lampen zu bleiben: Die Beleuchtungskörper müssen im Bordbetrieb allerhand aushalten. Dazu gehören Vibrationen, erhebliche Spannungs- und Temperaturschwankungen und außerdem Korrosion durch die meist feuchte und salzige Luft. Wieviel Know-how dafür erforderlich ist, beweist, daß es in Deutschland nur zwei solcher Lampenhersteller für die Schiffahrt gibt. Hier werden in Klimakammern und physikalischen Labors umfangrei-

che Versuche unternommen, bevor eine solche Leuchte ausgeliefert
wird. Das gilt noch mehr für die Zuverlässigkeit von Positionslaternen,
die genau vorgeschriebene Strahlwinkel und Farbcharakteristiken haben
müssen.

Große Passagierschiffe sind wahre Lichtverschwender. Hier kommt den
Leuchten nicht nur in der Lounge und den Restaurants dekorativer Cha-
rakter zu. An Bord eines Kreuzfahrtschiffes sind es mehr als 5000
Leuchten, die geliefert und installiert werden.

Kilometerlange Kabelstränge

Gerade die Montagearbeiten nehmen erheblichen Stundenaufwand in
Anspruch. Die reinen Stahlbauarbeiten machen gerade ein Drittel der
Werftstunden für ein Schiff aus. Wahre Kabelbäume und Rohrleitungs-
netze sind an Bord von Schiffen zu verbauen. Für eine Fähre sind es
viele hundert Kilometer Kabel, die verlegt werden müssen. Für ein
Schiff kalkulieren die Werften etwa 200 000 Arbeitsstunden, dazu kommen noch etwa 50 000 Arbeitsstunden der Zulieferer. Deren Ferti-
gungsstunden beispielsweise für die Produktion von Motoren, Radar-
geräten und Lukendeckeln sind darin natürlich nicht enthalten.

Das Schiff sieht im Rohbau im Innern sehr unfertig aus: Kabel und Rohrleitungen hängen wirr herum, Montagewinkel bilden Stolperfallen – es läßt sich noch nicht einmal ahnen, um welche Räume es sich handelt. Der Innenausbau ist eine Wissenschaft für sich. Da gibt es fertige Kabinensysteme. Vorgefertigt werden sie in der Werkstatt komplett mit der Naßzelle und den vorgesehenen Elektro- und Klimaanlagenanschlüssen. Auf die Kabinendecks werden diese Elemente dann nur noch aufgebaut und miteinander verbunden. Diese Vorfertigung spart Zeit und Geld. Früher wurden die Kabinen Stück für Stück von den Schiffszimmerleuten einzeln auf den Decks gefertigt. Auf engstem Raum mußte hier gearbeitet werden. Übrigens: Auch wenn es so aussieht – Holz wird im Kabinenausbau aus Sicherheitsgründen kaum verwendet. Man nutzt aus Brandschutzgründen lieber speziell beschichtete Metall- oder Mineralplatten, die dann mit einem passenden Holz-Outfit als Dekor versehen werden.

Die besten Plätze für die Crew

Während es für die Passagierkabinen keine Vorschriften über Mindestgröße und -ausstattung gibt, sieht das für das mitfahrende Personal anders aus. Auf skandinavischen Fährschiffen beispielsweise beansprucht die Besatzung grundsätzlich die besten Plätze für sich: Die Crew-Kabinen befinden sich ganz oben im Schiff. Für deutsche Handelsschiffe ist genau festgelegt, wie groß eine Kabine für den Kapitän oder auch einen Matrosen mindestens zu sein hat. Die meisten Reedereien sorgen hier für mehr Luxus – immerhin hebt das die Stimmung an Bord und führt zu weniger Abmusterungen. Den Seeleuten, die hier einige Wochen ihre Freizeit oder Wachbereitschaft verbringen müssen, sei dies auch auf jeden Fall gegönnt.

Der Test auf der Probefahrt

Der Hauptantrieb ist im Schiff eingebaut, doch ein Probelauf ist so ohne weiteres nicht zu machen. Entweder müßte der Motor dazu im Leerlauf betrieben werden, das gäbe aber nicht die erforderlichen Daten über Brennstoffverbrauch und tatsächliche Leistung. Außerdem muß der Motor einen Funktionstest schon vor dem Einbau beim Hersteller absolvieren. Die gewaltige Schubkraft, die der mit der Welle verbundene Propeller aber beim Lastbetrieb erzeugen würde, muß gebändigt werden. Die Schiff- und Maschinenbauer testen den Antrieb noch im Dock mit einem speziellen „Nullpropeller", der keinen Schub erzeugt und die Wirkkraft einfach verzehrt. Genaue Einstellungen des gesamten Systems erfolgen dann bei der späteren Probefahrt.

Die Probefahrt dient der technischen Erprobung und Einstellung des gesamten Systems „Schiff". Hier geht es auch um die Kontrolle der Einhaltung der vom Reeder vorgegebenen Werte. So eine Probefahrt ist keineswegs ein Vergnügen. Techniker der Werft, der Zulieferer, Besichtiger von Klassifikationsgesellschaft und Reederei sind an Bord und sammeln Daten. Einstellungen an Aggregaten werden vorgenommen und Mängellisten geführt.

Ein wichtiger Punkt ist das Erreichen der vertraglich vereinbarten Geschwindigkeit. Dafür gibt es eine regelrechte „Schiffsteststrecke" in einem norwegischen Fjord. Hier ist das Wasser einerseits tief genug, gibt es keinen störenden Seegang und sind Landmarken für die Streckenpeilung vorhanden. Der Neubau, nachdem die erforderlichen sonstigen Einstellungen absolviert sind, muß hier zeigen, was er kann. Auch über den Treib- und Schmierstoffverbrauch wird genau Buch geführt. Zum weiteren Erprobungsprogramm gehört das Fahren von Wendekreisen, um die Rudereinstellung zu kontrollieren. Die Synchronisierung der

85

Antriebe bei Doppelpropellerschiffen ist bereits erfolgt. Bei Schiffen mit Verstellpropellern wurden auch die erforderlichen Einstellungen für die Fahrtbereiche aufgenommen. Durch hydraulische Verstellung des Anstellwinkels der Propellerflügel wird hier von Vor- auf Rückwärtsfahrt mit allen Zwischenstufen die Geschwindigkeit von der Brücke geregelt.

Die richtige Farbe

Nach der Rückkehr von der bei größeren Schiffen dreitägigen Probefahrt erfolgen die Restarbeiten in der Werft. Spätestens jetzt muß auch der Decksanstrich fertiggestellt werden. Trotz Grundierung und neuester Erkenntnisse der Farbchemie, die mit der früher üblichen Blei-Mennige nicht mehr viel zu tun hat, ist die Rostanfälligkeit der Schiffe nach wie vor ein Problem. Nach Wünschen der Reederei und der Konstrukteure sind alle Anstrichfarben möglich. Während früher die Rümpfe überwiegend teer-schwarz waren, ist die Farbenvielfalt heute größer. Die Farbsysteme für den Rumpf können dazu noch mit Zusätzen versehen werden, die die Gleitfähigkeit im Wasser verbessern. Das würde Energie einsparen. Noch wichtiger aber sind meist leider giftige Zusätze, die ein Anwachsen von Algen und Muscheln verhindern. Diese setzen sich auch an Stahlschiffen gerne an. Bei den jährlichen Dockaufenthalten wird dieser „Bewuchs" mühsam entfernt. Der Belag bremst den Schiffsvortrieb und verbraucht unnötig Energie.

Angebracht werden an zahlreichen markanten Stellen am Rumpf auch Zinkbarren. Sie sollen nicht etwa wie die nach einem Aberglauben bei der Kiellegung unter die Stahlplatten gepackten Münzen Glück bringen: Das Zink wirkt als eingebauter Rostschutz. Statt des Stahles wird im warmen Salzwasser diese Zink-Anode zerfressen. Dabei bildet sich eine Spannung – weiter wollen wir den Ausflug in die Elektrochemie und die Elektrolyt-Technik nicht betreiben –, die den Stahl des Schiffes vor Korrosion schützt.

Aber noch ist unser Neubau ja noch nicht in Fahrt. Es kommt der Tag der Ablieferung. Mit der Übergabe-Zeremonie verbunden ist auch die Zahlung der letzten Rate vom Auftraggeber an die Reederei. Bis zur

Übergabe lag das Risiko für den Auftrag ganz bei der Bauwerft. Ein Brand oder ein Zwischenfall wäre voll zu ihren Lasten gegangen. Deshalb fährt bis zur Übergabe auch ein Werftkapitän den Neubau. Allerdings ist auch vorher schon der künftige Kapitän dabei, um in die Bedienung eingewiesen zu werden und vor allem die Wünsche der Reederei fachlich einzubringen.

Die Übergabe-Fahrt

Waren während der technischen Erprobung nur Fachleute an Bord, ist es Brauch, daß zur Übergabe- oder Gästefahrt Eigner, Reederei und Werft Gäste einladen. Die können sich das gelungene Werk gleich ansehen. Verbunden mit diesem Vorführprogramm sind auch Mahlzeiten an Bord. Früher war es Sitte, daß an diesen Probefahrten keine Frauen – noch nicht einmal zur Bedienung – teilnehmen durften. Das brächte Unglück. Woher der Aberglaube kam, läßt sich auch beim Forschen im Archiv des Deutschen Schiffahrtsmuseums nicht feststellen. Es mag aber damit zusammenhängen, daß die Männer von der Küste unter sich bleiben wollten und daß bei der Erprobung des Schiffes auch die Trinkfestigkeit des einzelnen getestet wurde. Diese Tradition gibt es im Zeitalter der Emanzipation heute nur noch bei einer deutschen Reederei. Alle anderen haben diese Probefahrt in „Gästefahrt" umgetauft und lassen Frauen an Bord. Schließlich gibt es nicht nur erfolgreiche Reederinnen, sondern auch prominente Maklerinnen, und im Management zahlreicher Schiffahrtsfirmen sitzen heute Frauen.

Mit dem feierlichen Flaggenwechsel an Bord mit dem Einholen der Werftflagge und dem Hissen der Reederei-Flagge übernimmt der Auftraggeber das Risiko und alle Papiere. In der Regel ist auch eine Gewährleistung im Schiffsbauvertrag vorgesehen. Werden Abweichungen von den geforderten Daten oder auch Konstruktionsmängel entdeckt, dann kümmert sich darum ein Schiedsgericht, dem maritime Fachleute angehören. Das erspart teure und langwierige Schadensersatzprozesse und hilft internationale praxisgerechte Entscheidungen zu erhalten. Unabhängig davon wird die Übernahme der Jahresdockung mit der Beseitigung etwaiger Mängel meist vertraglich vereinbart.

Wie groß ist das Schiff?

„Wie groß ist das Schiff?" Diese Frage kann auch ein Fachmann nicht so schnell beantworten. Wie kompliziert diese Angelegenheit ist, sieht man daran, daß es nur für die deutschen Handelsschiffe ein eigenes „Bundesamt für Schiffsvermessung" gibt. 1990 ging bei einer Umstrukturierung diese Aufgabe im neuen Hamburger Bundesamt für Seeschifffahrt und Hydrographie auf.

Die Gesamtlänge eines Schiffes über alles, also zwischen den äußersten Punkten, ist einfach zu bestimmen. Sie liegt auch in den Konstruktionsplänen fest. Das gilt auch für die Breite. Ein wichtiges Maß für den Auftraggeber ist die „Länge zwischen den Loten". Sie ist der Abstand zwischen den beiden Schnittpunkten eines Lotes am Bug und am Heck und der Wasseroberfläche. Man kann dieses Maß auch verständlicher als Wasserlinien-Länge bezeichnen. Das war vor allem zu Zeiten der Segelschiffahrt ein wichtiger Faktor, da „Länge läuft".

Für Schiffkonstrukteure gilt, für eine hohe Geschwindigkeit eine möglichst große Wasserlinien-Länge und damit schlankes Schiff zu erreichen. Für die Konstruktion von Yachten muß diese Formel nach wie vor beachtet werden: Eine lange Yacht ist grundsätzlich schneller (aber auch teurer). In die Hydrodynamik wollen wir hier nicht weiter einsteigen, nur noch soviel, daß ein schlankes Schiff weniger Wasserwiderstand hat und daß es Zusammenhänge zwischen wirtschaftlicher Geschwindigkeit und Schiffslänge gibt. Durch eine optisch interessante Aufkimmung erreichen viele Passagierschiffe eine beachtliche Länge über alles, während die Länge zwischen den Loten erheblich geringer ist.

Kanalbreite ist wichtig

In der Handelsschiffahrt gilt inzwischen bei der Optimierung der Rümpfe, auf eine möglichst große Breite zu kommen. Aber auch hier gibt es Grenzwerte. Wollen die Schiffe den Panama-Kanal passieren, dürfen sie auf keinen Fall breiter als 32,24 Meter sein, während für den St. Lorenz-Seeweg die Breite auf 23 Meter begrenzt ist.

Zusammen mit dem Tiefgang und der Seitenhöhe kann man mit diesen Hauptdaten schon die wesentlichen Abmessungen eines Schiffes beschreiben. Doch das langt bei weitem nicht. Wichtig ist für den Auftraggeber und auch den Befrachter, wieviel Tonnen ein Schiff überhaupt laden kann. Das wird in Tonnen Tragfähigkeit angegeben oder auch im deutschen Sprachgebrauch vielfach abgekürzt als „tdw" für „tons deadweight".

Bei Containerfrachtern wird die maximal mögliche Staukapazität in Container-Einheiten angegeben. Maßeinheit sind hier die kleineren 20-Fuß-Container, und daher lautet auch die englischsprachige Abkürzung „TEU" für „Twenty-Foot-Equivalent Unit". Gemeinerweise gibt es für Containerfrachter auch das „FEU", das für die doppelt so großen 40-Fuß-Containereinheiten steht. Wenn der Containerfrachter „Ville de Jupiter" 1560 TEU geladen hat, so heißt das keineswegs, daß dieses Schiff auch 1560 Container-Boxen an Bord haben muß. Es werden deutlich weniger sein, weil auch doppelt so große Container darunter sind. Aber darüber kann man im Kapitel über die Containerschiffe mehr nachlesen.

Während soweit alles hoffentlich klar ist, kommen wir nun zur hohen Kunst der Schiffsgrößenberechnung. Den Briten als einstmals größte seetreibende Nation war die Berechnung von Hafengebühren und Steuern nur nach der Länge eines Segelschiffes zu ungerecht. So gab es eine Vielzahl von Methoden, die Laderaumgröße, Tragfähigkeit, Schiffslänge und -breite und Art der Güter mit einbezogen. Mehrfach wurden diese Vermessungsvorschriften revidiert, da sie zu neuen Ungerechtigkeiten führten oder Reeder nur noch Schiffe bauten, die möglichst vorteilhaft abschnitten. Dabei litten aber zuweilen auch die Stabilität und Schiffssicherheit.

Die Tonne als Raummaß

Maßeinheit war aber auch damals bereits der Raum, den ein Weinfaß in Anspruch nahm, die britische „Ton" oder die „Tonnage". Im Jahre 1854 kam es endlich zu einer ersten einheitlichen Übereinkunft, der sich kurz darauf eine Reihe von Staaten anschloß und die bis auf eine Reihe von Feinheiten bis in die heutigen Tage noch Gültigkeit hat. Constantin Richard Moorsom, Offizier der Royal Navy, der auch zahlreiche wissenschaftliche Arbeiten veröffentlichte, schlug die Vermessung des gesamten Innenraum eines Schiffes ohne Berücksichtigung des Verwendungszweckes vor. Später gab es hier noch geringe prozentuale Abzüge für Unterkünfte, Bunker und Maschinenantrieb. Dieser Bruttoraum wurde als Registertonne zu 100 Kubikfuß gemessen. Eine Einheit des Raummaßes Bruttoregistertonne (abgekürzt BRT) entspricht 2,83 Kubikmeter. Die Briten sprechen in diesem Zusammenhang von „Gross Tonnage".

Mit der Gewichtstonne oder den Angaben der Tonnen-Tragfähigkeit hat dieses aber trotz vielfacher Verwechslung überhaupt nichts zu tun. Um das Tonnen-Wirrwarr komplett zu machen: Die Größe von Kriegsschiffen mißt man mit dem Maß ihrer Wasserverdrängung oder eben ihrem Eigengewicht in Tonnen. Eine Fregatte der „Bremen"-Klasse kommt hier auf 3800 Tonnen, der US-Flugzeugträger „Nimita" auf 91700 Tonnen und U-Boote der Ohio-Klasse getaucht auf 18 700 Tonnen.

Abzüge für die Telefonzelle

Feinheiten gab es in den vergangenen 100 Jahren bei der Berücksichtigung von Abzügen. Durch geschickte Dimensionierung der Schiffsquerschnitte und Raumprofile lassen sich Bruttoregistertonnen sparen. Das gilt auch für den Ausschluß von sogenannten Freidecks. Das sind offene – dazu genügt nur ein Mann-Loch als sogenannte Vermessungsöffnung – Laderäume. Eine detaillierte Liste gibt es darüber, was alles mit einzuberechnen und was abzuziehen ist. So dürfen – um ein Beispiel aus dem Regeltext zu zitieren – „Telefonzellen, soweit sie für die Navigation erforderlich sind", abgezogen werden. Der Nettoraum ergibt sich durch Abzug der Unterkünfte, Maschinenraum und Brücken und aller für den Schiffsbetrieb erforderlichen Räume.

1969 gab es eine neue internationale Vermessungskonferenz in London. Die damals beschlossenen Regeln traten erst 1982 in Kraft und werden für ältere Schiffe erst nach dem 18. Juli 1994 zu Neuvermessungen führen. Das neue Raummaß sollte zu einer Vereinfachung führen, doch anfreunden kann sich damit so recht noch niemand. Das neue Maß heißt Bruttoraumzahl (abgekürzt BRZ).

Die Bruttoraumzahl vergrößert Schiffe

Nach wie vor gibt es für Neubauten häufig noch zwei Meßbriefe, einen für Bruttoraumzahl und den anderen für die alte Bruttoregistertonne. Umrechenbar sind die Werte leider nicht. Das Raummaß ist das gleiche, aber es geht um die Berücksichtigung aller Räume. Ausnahmen für Freidecker und Räume mit Vermessungsöffnungen gibt es nicht mehr. Deutlich wird das beispielsweise bei einer Fähre, die eine Bruttoregistertonnen-Vermessung von 14 000, aber eine Bruttoraumzahl-Vermessung von 25 000 aufweist. Zwar ist der Unterschied nicht immer so groß, dennoch ist die Bruttoraumzahl immer um einiges größer als die frühere Bruttoregistertonne, die noch einige Jahre gilt.

Auch wenn es heute eigentlich für Schiffsneubauten keine Bruttoregistertonnen-Vermessung mehr geben soll, ist dieser Meßbrief dennoch immer erforderlich. So sind wichtige Kriterien für die Schiffseinstufung – beispielsweise die Besetzungsvorschriften – abhängig von der Bruttoregistertonnen-Vermessung. Das ist auch der Grund für die „Paragraphen-Schiffe".

Paragraphen-Schiffe

Das ist nichts Illegales, sondern nur die Ausnutzung der in den Verordnungen angeführten Vermessungsgrenzen. So ist ein 499 Bruttoregistertonnen großer Frachter für den Reeder günstiger als ein 500 Bruttoregistertonnen großer, weil er hier die Brücke mit einem zusätzlichen Offizier besetzen muß. Während unter 1000 Bruttoregistertonnen ein Schiff mit zwei Wachen auskommt, ist ab 8000 Bruttoregistertonnen sogar ein Schwimmbad für die Besatzung vorgeschrieben.

Ein wichtiges Maß in der Schiffahrt ist noch die Freibordregel. Daß es Grenze für die Beladung geben muß, ist klar. In früheren Zeiten wurden die Segler von wagemutigen Reedern bis knapp unter die Hauptdeckkante voll geladen. Je mehr Ladung, desto mehr Gewinn, war die einfache Rechnung. Doch Krängung und Seegang konnten leicht nicht nur zum Verrutschen der Ladung und dann zum Kentern führen, sondern das Schiff nahm auch leicht Wasser über. Das führte dann zu noch größerem Tiefgang – bis das Schiff langsam, aber sicher unterging.

Freibord als Beladegrenze

Heute gibt es zwar keine Frachter mit freier Oberfläche: Die Luken schließen – wenn das Deck nicht genutzt wird – absolut wasserdicht. Auch verfügen Schiffe als Sicherheitsvorkehrungen über Schotten, die ein Sinken verhindern würden, dennoch wäre die Sicherheit bei einem solchen überladenen Schiff beeinträchtigt. Damit dies gar nicht erst passieren kann, besitzt jedes Schiff deutlich sichtbar auf der Außenhülle in den Stahl gebrannt die Frei-

Die Freibord-marke. Klassifiziert hat dieses Schiff der Germanische Lloyd (GL). Rechts die zugehörigen und vorgeschriebenen Lademarken für Tropenfrischwasser, Tropen, Sommer, Winter und Winter-Nordatlantik (WNA)

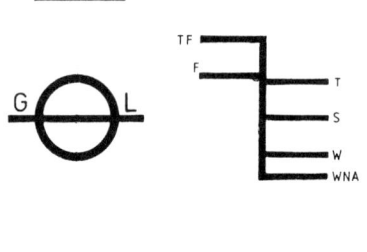

bordmarke. An ihr kann jeder die maximale Beladbarkeit mit Augenschein feststellen. Gemeint sind hier nicht etwa die zusätzlichen aufgemalten Tiefgangsmarken, sondern das große Freibordzeichen, das mittschiffs an jedem Schiff zu finden ist.

Die Freibordmarke wird amtlich festgesetzt und genau für das jeweilige Schiff berechnet. Dabei kann es passieren, daß die für deutsche Schiffe zuständige Seeberufsgenossenschaft eine andere Marke und damit Höchstbeladung festsetzt, als vielleicht für ein im Ausland eingesetztes Schwesterschiff von einer dortigen Stelle als Lademarke festgelegt wird.

Angezeigt werden an der Freibordmarke die Deckslinie, die Klassifikationsgesellschaft, der maximale Tiefgang für Sommer- und Wintermonate, für den Nordatlantik im Winter und für Tropen sowie für Wasser mit geringerem Salzgehalt. Wegen der größeren Seegefahren in den Wintermonaten auf der Nordhalbkugel wird die Freibordmarke hier niedriger gesetzt. Eingeführt wurde diese amtliche Beladebegrenzung 1876 in Großbritannien auf Betreiben des Kohlehändlers und Politikers Samuel Plimsoll, um die Kapitäne von einer schweren Verantwortung zu entlasten. In Deutschland wurden sie auf Betreiben von Kaiser Wilhelm II. im Jahre 1900 eingeführt.

Was ein Kapitän braucht

Um das Schiff sicher zu einem Hafen zu bringen, braucht der Kapitän eine Reihe von Informationen. An seinem Arbeitsplatz, der Brücke, muß er nicht nur die Fahrtrichtung, den genauen Standort und die Geschwindigkeit des Schiffes kennen. Wichtig sind auch mögliche Hindernisse in der Umgebung oder gar andere Wasserfahrzeuge, die sich auf Kollisionskurs befinden können, und die aktuelle Wassertiefe.

Beginnen wir bei der Fahrtrichtung. Auch im Zeitalter der Computertechnik befindet sich ein Magnet-Kompaß auf jedem Schiff, wie auch ein Sextant zur astronomischen Standortbestimmung Vorschrift an Bord ist. Grund: Diese Geräte funktionieren auch bei einem Zusammenbruch der Stromversorgung. Der Magnet-Kompaß in einer verfeinerten Form, dem durch die Flüssigkeitslagerung die Schiffsbewegungen nichts ausmachen, hat jedoch Nachteile. Er zeigt nicht exakt nach Norden. Grund: Leider sind geographischer und magnetischer Nordpol nicht identisch. Der magnetische Nordpol pflegt darüber hinaus auf Wanderschaft zu gehen. In unseren Breitengraden kommen hier schon einige Grad Abweichung zusammen. Die Kompaß-Mißweisung ist je nach Standort zu korrigieren, wie auch der Einfluß der Eigenmagnetisierung des eisernen Schiffes kompensiert werden muß. Diese Fehler gelten auch für die

Sprachrohr und Spiegel für den Kompaß auf dem Peildeck gibt es für den Kapitän auch auf den modernsten Schiffen noch

93

elektronischen Fluxgate-Kompasse, bei der keine Magnetnadel, sondern das von zwei Spulen aufgenommene Feld elektronisch ausgewertet wird. Diese inzwischen auch auf Yachten gebräuchlichen Kompasse haben den Vorteil, daß man hier keine Kompaßrose ablesen muß und daß die Korrektur elektrisch vorgenommen werden kann.

Ein schneller Kompaß ist exakter

Größere Handelsschiffe sind in der Regel mit einem Kreiselkompaß ausgerüstet. Ausgenutzt wird bei ihnen nicht das Magnetfeld, sondern die Richtungsstabilität von Kreiseln. Mit 20 000 Umdrehungen in der Minute werden kardanisch aufgehängte Kreisel von Elektromotoren in Schwung gehalten. Dreht sich das Schiff, dann bleiben die Kreisel durch ihre Trägheit stur in der alten Richtung. Die Richtungsabweichung zwischen Kreiseln und dem Gehäuse kann man elektrisch messen und auf ein Anzeigeinstrument übertragen.

Während ein Magnetkompaß sicher von magnetischen Störungen auf dem Peildeck aufgestellt wird und von der darunterliegenden Brücke über ein Spiegelsystem ablesbar ist, kann ein Kreiselkompaß, dessen Anzeige elektrisch über verschiedene Töchter erfolgen kann, an beliebiger Stelle installiert werden. Meistens nutzt man dazu den Akku-Raum unterhalb der Brücke. Täglich einmal werden die Richtungsanzeigen der Kompasse an Bord durch astronomische Beobachtung überprüft.

Die Daten des Kompasses lassen sich für weitere Navigationsgeräte auf der Brücke nutzen, beispielsweise für das Selbststeuer. Der Kapitän stellt den Kurs ein, und der wird nicht vom Steuermann, sondern von der Bordelektronik gehalten. Bei einer Abweichung durch Strömung oder Wind wird das Ruder automatisch betätigt. Auf hoher See wird ausschließlich mit Selbststeuer gefahren.

Der Kapitän braucht genaue Uhrzeit

Die Richtung ist für den Kapitän am wichtigsten, um ans Ziel zu kommen. Wenn man irgendwo auf dem Atlantik losführe, und nur den Kurs genau halten würde, könnte man durchaus ans Ziel kommen. So navigierten unsere Vorfahren. Aus dem Stand von Sonne und Gestirnen versuchten sie den Standort zu ermitteln. Dazu fehlten ihnen aber zunächst genaue Seekarten, die auch nach der Entdeckung Amerikas noch viele grundlegende Fehler aufwiesen, und vor allem genaue Uhren. Aus dem Standort der Sonne läßt sich zwar die geographische Breite ermitteln, zur Ermittlung der geographischen Länge braucht man allerdings eine Uhr. Erst 1764 wurde ein solcher Schiffschronometer, der auch im Seegang leidlich genau ging, erfunden. Mit einem Sextanten, einer Art kombiniertem Peilgerät und exaktem Winkelmesser, der in der Hand gehalten wird, läßt sich dann mittags die „Sonne schießen". So heißt die Messung des Standortes der Sonne über den Horizont. Aus ihm lassen sich Standort und vor allem, wenn dies genau um 12 Uhr Ortzeit passiert, die exakte Süd-Richtung ermitteln.

Die Standortbestimmung ist heute ein Kinderspiel. Das fängt bei der genauen Uhrzeit an: Wenn der Schiffschronometer versagt, dann ist das kein Problem. Funk und Zeitzeichensender und einfache Uhren, die genauer sind, als frühere Schiffsuhren, helfen da sofort. Dazu kommen eine Vielzahl von elektronischen Standortbestimmungsverfahren, die wir aber nur kurz streifen wollen. Am verständlichsten ist die Funkpeilung, die auch heute immer noch genutzt wird. Dazu braucht man einen Empfänger und eine Peilantenne. Mindestens zwei Sender, deren Standort man genau kennt, werden angepeilt. Die Strahlrichtung ist dabei das Maximum bei einem Drehen der Richtantenne. Der Schnittpunkt der ermittelten Winkel bezogen auf die Sender-Standorte ist dann der eigene Standort.

Der Standort wird errechnet

Die weiteren Standortbestimmungsverfahren Decca, Omega, Loran und das vor allem im Küstenbereich neu geschaffene Syledis arbeiten alle nach einem ähnlichen Prinzip. Mehrere Sender geben ein synchronisiertes Signal ab, und aus dem Laufzeitunterschied wird der eigene Standort ermittelt. Dabei gelten für die einzelnen Verfahren unterschiedliche Auswertefunktionen, Senderreichweiten und Frequenzbereiche.

Das Prinzip soll das eine Beispiel verdeutlichen: Die drei Sender A, B und C strahlen gleichzeitig unterschiedliche Tonfrequenzen ab. Im Auswerteempfänger an Bord unseres Schiffes treffen sie in der Reihenfolge A, C und B ein. Auf einer Spezial-Karte mit zahlreichen Hyperbeln – daher auch der Name Hyperbel-Navigation für diese Verfahren – könnte man nun den genauen Standort bestimmen. Doch die Computertechnologie hat auch hier Einzug gehalten und zeigt sofort den gemessenen Standort auf einem Display an. Die meist als Kombinationsempfänger für verschiedene Ortungsverfahren ausgelegten Geräte können dabei auch den möglichen Grundfehler der empfangenen Signale und ihrer Berechnung mit angeben.

Nun müssen wir noch einmal etwas Theorie einblenden, was Standort heißt: Er wird in geographischer Länge und Breite gemessen. Jeder Ort der Welt läßt sich auch im Zeitalter der Digitalisierung immer noch in Winkel-Grad, -Minute und - Sekunde angegebenen Koordinaten bestimmen. Für die nördliche Hemisphäre wird die Breite in Grad Nord, für die Orte östlich von Greenwich – dem Nullmeridian, der durch die Sternwarte im Londoner Vorort verläuft – die Länge in Grad Ost angegeben.

Satelliten als Wegweiser

Eine noch exaktere Standortbestimmung liefert das Global Positioning System (GPS), das auf Basis einer Vielzahl die Erde umkreisender Navigationssatelliten funktioniert. Aus den Empfangsdaten der auf bekannten Bahnen die Erde wie ein Netz umgebenden Satelliten wird der Standort ermittelt. Entwickelt wurde dieses System von den USA. Aus militärischen Gründen wird die Systemgenauigkeit, die auf einige Meter exakt wäre, künstlich verringert, wie auch noch einige Satelliten in diesem Netz fehlen. Noch genauer arbeitet im Küstenbereich ein Ergänzungssystem, bei dem die in den Satellitensignalen noch enthaltenen Fehler mit einem landgestützten Sender korrigiert werden. Damit ist bereits auf den Meter genau der Standort zu ermitteln – ein Traum der Seefahrer ist in Erfüllung gegangen. Unsere Vorfahren waren schon glücklich, wenn sie auf offener See ihren Standort auf zwei Seemeilen genau ermitteln konnten. Genutzt wird dieses Verfahren als erstes Handelsschiff von der Jumbo- Fähre „Silja Serenade", die damit blind, aber trotzdem sicher durch die Schären auf ihrer Fahrt von Stockholm nach Helsinki geleitet werden könnte. Schiffe, die mit Satellitennavigation ausgerüstet sind, und das sind eigentlich alle modernen Fahrzeuge, sind an ihren weißen, am Antennenmast befindlichen Radomen für die Satellitenempfangsanlage erkenntlich. Die heutige Genauigkeit der Standortbestimmung hat übrigens zutage gebracht, daß die Positionen zahlreicher überseeischer Häfen nicht stimmen.

Wieviel Wasser ist unter dem Kiel?

Um eine Grundberührung zu vermeiden, muß der Kapitän wissen, wieviel Wasser er noch unter dem Kiel hat. Eine Handbreit – so der gute Wunsch in der Tauf-Zeremonie – ist auf jeden Fall zu knapp. Wenn er seinen exakten Standort kennt, kann der Kapitän die Wassertiefe aus seiner Seekarte ablesen, aber frühere Seekarten und auch heutige exotischer Regionen können es kaum mit ständig aktualisiertem Kartenmaterial des Bundesamtes für Seeschiffahrt und Hydrographie aufnehmen. Die früheren Seefahrer maßen die Wassertiefe noch per Hand mit einem Lot, das auf den Grund hinabgelassen wurde. Seit dem Ersten Weltkrieg wird akustisch mit dem Echolot gemessen. Dazu werden – wegen der besseren Richtbarkeit – Ultraschallimpulse vom Schiffsboden abgestrahlt und die Zeit bis zum Wiedereintreffen heute elektronisch gemessen. Bei einer Schallgeschwindigkeit von 1500 Meter pro Sekunde bleibt zum Messen bei einer Untiefe nicht viel Zeit.

Durch die laufende Tiefenmessung wird der Kapitän vor einer Grundberührung rechtzeitig gewarnt. Mit speziellen Echoloten kann die gesamte Unterwasserlandschaft aufgenommen werden, während andere in Fischereifahrzeugen als Fischlupen zur Beurteilung von Fischschwärmen genutzt werden.

Auch die Geschwindigkeit ist eine wichtige Information. Dabei ist zu unterscheiden zwischen der tatsächlichen Geschwindigkeit und der Geschwindigkeit über Grund. Ein 16 Knoten schnelles Schiff kann durch Gegenströmung über Grund erheblich langsamer sein. Die Geschwindigkeit über Grund läßt sich heute sehr einfach aus der verflossenen Zeit zwischen zwei Standorten errechnen. Ein Kapitän legte

*Ein alter
Maschinentele-
graf im Maschi-
nenraum*

die „Etmale", das sind die innerhalb eines Tages erreichten Positionen, zur Ermittlung der Durch-
schnittsgeschwindigkeit fest. Mit
einem nachgeschleppten Patent-
log, das aus einem flügelbetriebe-
nen Zählwerk bestand, konnte die
zurückgelegte Strecke gemessen
werden. Exakter als diese mecha-
nischen Geräte arbeitet jedoch ein
elektronisches Log, das die
Geschwindigkeit des vorbeiströ-
menden Wassers mißt.

Das Radargerät im Zentrum

Besonders auffällig auf der Brücke und wie wir später noch sehen werden Zentrum eines kombinierten Navigationssystemes sind die Radargeräte. Das Radar-Prinzip hier noch einmal kurz: Impulse mit einer Wellenlänge im Zentimeter-Bereich werden von einer Richtantenne abgestrahlt. Die reflektierten Signale werden elektronisch verstärkt und auf
einer Braun'schen Röhre abgebildet. Weil die Antenne sich mit etwa 30
Umdrehungen in der Minute dreht und die Darstellung auf der Anzei-
geröhre damit synchronisiert ist, kann ein Reflektionsbild der Umgebung dargestellt werden. Mit Radar (Radio detecting and ranging) ist
sichere Schiffahrt auch bei Nacht und Nebel überhaupt erst möglich
geworden.

Das Deuten der Echos der erst seit dem Zweiten Weltkrieg bekannten
Radar-Technik erfordert aber Erfahrung. Die Darstellung auf einer nach-
leuchtenden Röhre ist nur sehr lichtschwach und macht einen Licht-
schutz-Tubus erforderlich. Durch die Einführung der Rasterscan-Tech-
nik mit elektronischer Aufbereitung ist das anders geworden. Auf

großen Monitoren kann das Bild ähnlich wie ein Fernsehbild ständig betrachtet und ausgewertet werden.

Objekte in der Nähe des Schiffes, je nach gewähltem Bereich und Sichthorizont bis zu mehr als 90 Kilometer Umkreis, werden als Leuchtflecken abgebildet. Die Größe des Echos richtet sich nach Größe, Winkel und Material des Objektes, das den Radar-Impuls reflektiert. Regen, Vögel und selbst Wellenkämme können je nach Einstellung das Bild beeinträchtigen. Umgekehrt ist es möglich, daß über ein kleines Boot die Radaranlage einfach hinwegsieht. Der Kapitän erhält mit dem Radarbild weitere Informationen. Es wird elektronisch der Fahrstrahl des Schiffes eingeblendet. So ist eine Kollisionsgefahr mit anderen Schiffen frühzeitig zu erkennen. Konzentrische Ringe um den Mittelpunkt des Bildes, der dem eigenen Schiff entspricht, erlauben Abstands- und Entfernungsmessungen. Die dargestellten Uferlinien, Bojen und Fahrwassermarkierungen, die ohnehin zusätzlich mit Radarreflektoren versehen sind, erlauben das bequeme Manövrieren. Außerdem werden durch einen Bildspeicher bei der Aufbereitung des Radarbildes die Geschwindigkeit und Fahrtrichtung der anderen Schiffe dargestellt.

Zuerst schwimmt
das Schiff im Rechner

Viel Erfahrung ist für die Konstruktion eines Schiffes erforderlich. Auch im Zeitalter der computerunterstützten Konstruktion freuen sich die Schiffbauer immer noch jedes Mal, wenn ihr Werk die vorgegebene Geschwindigkeit bei der Probefahrt möglichst sogar noch übertrifft und auch die Seegangseigenschaften optimal sind.

Mit einer Vielzahl von Formeln kann man einen Schiffsrumpf optimieren und auch die Stabilität berechnen. Doch da der Körper so komplex ist, benötigt man dafür im Computer ein Rechenmodell. Die Optimierung eines Schiffsrumpfes ist noch komplizierter als die Entwicklung von Tragflächen für neue Düsen-Jets. Formgebung und die Vektoren sind zwar genauso dreidimensional, zusätzlich kommen hier aber die Wasser-Luft-Grenzfläche mit den Wellen hinzu. Ein Flugzeug-Designer hat es etwas leichter: Er hat es nur mit einem Medium zu tun, während ein Schiffbauer nicht nur Hydrodynamik, sondern auch etwas Aerodynamik beherrschen muß.

Ein ganz besonderes Kapitel ist auch die Vortriebserzeugung. Die Anpassung des Propellers an das Wasser ist nicht leicht. Kavitation ist der Feind eines jeden Schiffpropellers. Diesen Effekt kann man nur durch umfangreiche Modellversuche, Simulationen und Berechnungen in den Griff bekommen. Bei der Drehung des Propellers wirken erheb-

Solche gigantischen Propeller, wie hier für das größte Passagierschiff der Welt, die „Norway", lassen sich nur durch Versuche und Computerprogramme optimieren

liche Zentrifugalkräfte, bei einem Durchmesser von bis zu sechs Meter kein Wunder.

Ein Propeller soll aber nicht nur einfach in das Wasser schlagen, sondern dabei einen Schub erzeugen. Dazu müssen die Flügel eine bestimmte Steigung haben. Auch hier ist es schwierig, ein Optimum zu finden, zumal es ja drei-, vier- oder gar fünfflügelige Typen geben kann, die jeder für sich bestimmte Vorteile haben. Am Propeller-Ende, an den Flügelspitzen, entsteht beim Drehen Unterdruck. Dadurch kommt das Wasser hier förmlich zum Kochen. Dieser Wasserdampf übt aber sehr negativen Einfluß auf das Propellermaterial – meist spezielle Bronze-Legierungen – aus: Es wird auf Dauer zerfressen. Die Dampfblasen wiederum tragen zum Vorwärtskommen des Schiffes gar nichts bei, sondern bremsen sogar noch. Die Optimierung eines solchen Propellers ist also nicht nur ein Wunderwerk an Metallbearbeitung, sondern auch vorangegangener umfangreicher Rechenkunst.

Trotz Computer ein Modell

Für die Optimierung eines ganzen Schiffsrumpfes gar rechnen die leistungsfähigsten Computer mit Gleichungen mit vielen tausend Variablen mehr als einen Tag . Trotzdem kommt man bisher immer noch nicht ohne praktische Versuche aus. Dazu wird ein maßstabsgerechtes Modell des Rumpfes gebaut und durch einen langen Wassertank geschleppt. Kameras beobachten die Wasserströmung und den Schwall. Je mehr Wellen ein Schiff macht, desto schlechter natürlich der Wirkungsgrad, kann man vereinfacht ausgedrückt sagen. Viele Sensoren registrieren die Werte, und aus Tausenden von Messungen wird dann das gewünschte Rumpfprofil mit den geforderten Eigenschaften wieder am Computer entwickelt.

Solche Schleppversuche werden beispielsweise bei der Hamburgischen Schiffbauversuchsanstalt vorgenommen. Sie verfügt auch über Eistanks, in denen „Modelleis" erzeugt werden kann. Hier können beispielsweise Eisbrecher entwickelt und getestet werden.

Doch solche Modellberechnungen können auch mal danebengehen, wurde mit einer gewissen Schadenfreude an der Küste festgestellt. So entwickelten Fachleute eine Großtonne, die das Verkehrstrennungsgebiet in der Deutschen Bucht kilometerweit signalisieren sollte. Diese schwimmende Konstruktion wurde in Modellversuchen und im Rechner ausgiebig zum Seegangsverhalten getestet. Als sie danach fertiggestellt und montiert worden war, konnte sich auch bei minimalem Seegang niemand mehr zu den regelmäßigen Wartungsarbeiten an Bord aufhalten. Selbst die seetauglichsten Mitarbeiter der Wasser- und Schifffahrtsverwaltung wurden innerhalb von Minuten seekrank. Inzwischen wurde die Großtonne eingeholt und durch einen unbemannten Feuerschiff-Neubau ersetzt. Seegangsfestigkeit von Menschen ist mathematisch kaum faßbar und läßt sich vom Computer nur schwer errechnen.

Die heutige Color Line ließ Fährschiffe für den Verkehr zwischen Kiel und Oslo bauen, bei deren Konstruktion Praktiker mit viel Erfahrung mitwirkten. Die heute als „Hamburg" von Scandinavian Seaways und von Color Line als „Prinses Ragnhild" eingesetzten Fährschiffe weisen ein erheblich angenehmeres Seegangsverhalten auf als das ausschließlich mit Computerhilfe konstruierte Flaggschiff „Kronprins Harald".

Sinn der Berechnung ist das Erreichen einer möglichst hohen Geschwindigkeit bei möglichst geringem Treibstoffverbrauch. Doch es gäbe sicherlich bereits einen Standard-Rumpf, wenn für viele Schiffstypen nicht noch Besonderheiten zu berücksichtigen wären. So legt ein Auftraggeber Wert auf besonders hohe Container-Kapazität oder auf bestimmte Fahrtgebiete. Das schränkt Länge und Breite des Schiffes bereits ein. Ein Schiff, das den Panama-Kanal passieren können soll, darf maximal 32,20 Meter breit sein. Diese Breite heißt dann auch „Panmax". Für den Suezkanal als weiterer wichtiger Transportweg gibt es Beschränkungen, wie auch beispielsweise für den Nord-Ostsee-Kanal und für Kümos in der Skandinavien-Fahrt, die Holzprodukte transportieren, den Saimaa-Kanal.

Beschränkungen für Konstrukteure

Der Konstrukteur muß in enger Abstimmung mit dem Reeder auch die Unterbringung von Containern bei Frachtschiffen festlegen, immerhin sind deren genormte Maße zu berücksichtigen, soll der Schiffsraum opti-

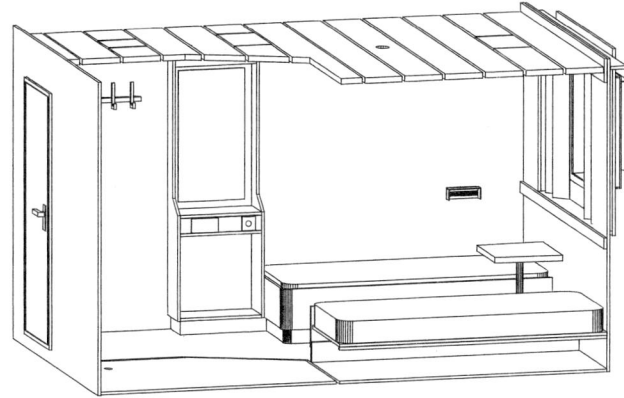

Der Computer hilft bei der Einrichtungsplanung der Kabinen. Hier ein Ausdruck

mal genützt werden. Bei Passagierschiffen wird zunächst ein schwung-volles Äußeres festgelegt, das natürlich immer etwas Besonderes sein soll. Dann wird versucht, das vorgesehene Kabinen- und Raumkonzept unterzubringen. Zum Schluß werden dann die Unterwasserlinien für diese Schiffsform optimiert.

Auch dieses läßt sich am besten am Bildschirm gestalten: Keine Werft kann es sich leisten, ohne Computerhilfe bei der Schiffsgestaltung aus-zukommen. Außerdem können hier in einer regelrechten Bibliothek gefundene optimale Formen für bestimmte Schiffstypen festgelegt wer-den. Wichtig ist dies beispielsweise auch für die Inneneinrichtung und die Einrichtung des Maschinenraumes. Die Vielzahl der Rohrsysteme für Brennstoff, Abluft, Zuluft, Dampf, Kühlwasser und Ballasttank läßt sich optimal am Bildschirm festlegen. Der Maschinenraum ist eng und für das komplizierte Rohrleitungsnetz gibt es erhebliche Anforderun-gen, soll es nicht zu langen Leitungen und überflüssigen Kreuzungen kommen. Auch müssen die erforderlichen Durchbrüche bereits beim Stahlbau bei der Sektionsfertigung berücksichtigt werden, wie auch die Vormontage Zeit spart. Gerade auf diesem Gebiet sind die deutschen Werften im Zuge der Rationalisierung führend.

Noch komplizierter wird die Gestaltung der Rohr-, Ventil- und Pum-pensysteme bei Chemikalien- und Gastankern. Hier gibt es sogar Spe-zialfirmen, die diese Rohrleitungsbündel, die zum Teil noch isoliert sein

*Am Bildschirm
ist mit dem
Computer die
Stabilitätsbe-
rechnung mög-
lich – hier für
einen Frachter
für 2700 Con-
tainer-Einhei-
ten.*

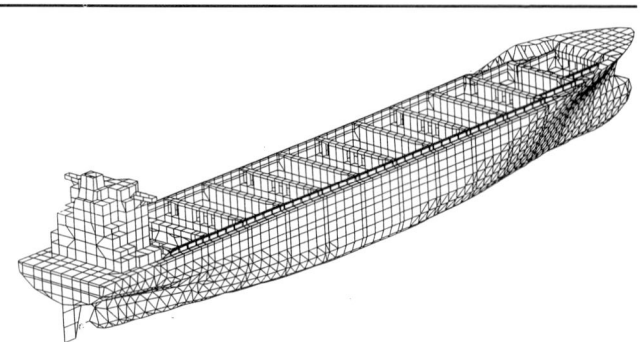

müssen, „entflechten". Ohne Computerunterstützung geht auch dieses nicht.

Selbst bei der Gestaltung von Kabinen- und Einrichtungssystemen für Fähren und Passagierschiffe wird der Computer zur Optimierung genutzt: Gilt es hier doch, auf möglichst geringem Raum das Optimum für die Passagiere herauszuholen. Außerdem soll ein solcher Raum nicht eng, sondern großzügig wirken. Die Gestaltung und Anordnung von Schränken, Betten, Fenstern und Sitzgelegenheiten, wie die Materialwahl sind dafür sehr wichtig. Auch muß ein Passagierdeck mit möglichst geringen Raumhöhen auskommen: Jeder Zentimeter, der hier an Höhe eingespart werden kann, spart auf einem 200 Meter langen Schiff schon etliche zehntausend Mark nur an Material. Das bedeutet auch weniger Gewicht und damit geringere Antriebsleistung und damit wieder weniger Betriebskosten. Allerdings wird es auch in Zukunft auf deutschen Schiffen keine Kabinen für Liliputaner geben, auch wenn hier die Deckshöhe das Maß von zweieinhalb Meter möglichst unterschreitet. Davon sind die Dicken für Isolierschichten und die Versorgungsschächte sowie die Verankerung der Kabinen noch abzuziehen.

Sparsamer Materialverbrauch

Um Materialeinsparung geht es auch bei einem anderen Verfahren, das erst durch Computereinsatz möglich ist. Das verwendete Material für den Schiffbau wird in der Regel überdimensioniert. Mit Erfahrungswerten wird die Schiffskonstruktion ausreichend stabil ausgelegt. Dabei werden schon Abschläge durch Abrostung berücksichtigt. Doch jeder Punkt eines Schiffes macht sehr unterschiedliche Belastungen mit. Da gibt es Stauchungen, Dehnungen, Vibrationen. Unter extremen Bedingungen – vollbeladenes Schiff in schwerster See – kommen zusätzliche Verformungen hinzu, die das Material aufnehmen muß. Das kann man für jeden einzelnen Punkt berechnen.

Dieses Verfahren nutzt die sogenannten „infiniten Elemente". Das Schiff wird dazu für den Rechner in eine Art Drahtgitter zerlegt. In einer Simulation wird dann die Belastung für jeden einzelnen Punkt berechnet. Dabei kann man auch die Formgebung der einzelnen Konstruktionsteile überprüfen. So konnten die Volumen der Stringer und Verbände nur durch eine andere Form optimiert werden.

Mit Rechnern wurde die Schiffsfestigkeit auch schon früher überprüft. Die Klassifikationsgesellschaften selbst, die ja alle Konstruktionen eher zur sicheren Seite hin auslegen, versuchen nun, hier weitere Vorschläge für die Materialeinsparung zu machen. Der Germanische Lloyd beispielsweise hat eine Untersuchung anlaufen lassen, in der es um die Lebensdauer von Schiffen geht. Sie ist nach Ansicht der Fachleute zu hoch, weil die Schiffe vor Erreichen des Abwrackalters unrentabel werden. Dieser schnelle „Modell-Wechsel" bedeutet, daß Schiffe wirtschaftlicher für eine erheblich kürzere Lebensdauer bemessen sein könnten.

Schiffe werden zu alt

Mit einem einfachen Verringern der Materialstärken ist das aber nicht getan: Auch der Rostanfall ist sehr unterschiedlich. In einigen Jahren können ohne ausreichenden Korrosionsschutz auch die stärksten Stahlplatten völlig durchgerostet sein. Der Einsatz neuer hochfester Stahllegierungen im Schiffbau hat dazu geführt, daß die Materialstärke verringert werden konnte. Das spart Gewicht. Doch nur mit ganz genauen Daten, die jetzt auf modernen Schiffen gesammelt werden sollen, werden hier neue Regeln für die rechnergestützte Konstruktion für eine bestimmte Lebensdauer eines Schiffes vorgegeben werden können. Die

Klassifikationsgesellschaften tun sich auch ein wenig schwer damit, weil sie letztlich die Verantwortung haben, wenn ein Schiff durch vorzeitigen Materialverschleiß durch ständige Überbelastungen in schwerer See einfach auseinanderbrechen würde. Zwar soll Material durch bisherige Überdimensionierungen eingespart werden – die Sicherheit darf aber auf keinen Fall darunter leiden.

Besondere Schiffsbelastungsberechnungen sind für Marine-Fahrzeuge erforderlich. So müssen beispielsweise die jüngsten Minensucher der Bundesmarine, die aus nichtmagnetischem hochfestem Spezialstahl gefertigt sind, Minenexplosionen überstehen. Die aus nur vier Millimeter starkem Stahl gefertigten Schiffe mußten das Errechnete auch in der Praxis mit einem Ansprengversuch unter Beweis stellen. Das von der Werft Abeking & Rasmussen gefertigte Boot überstand den explosiven Test ohne eine Schramme.

Die dritte Dimension

Das Problem bei den Bauplänen für alle Schiffe ist die dritte Dimension. Ohne Buckel müssen hier besonders schwungvolle Linien für den optimalen Rumpf entstehen. Das Anfertigen und auch das Lesen von Plänen für Schiffsrümpfe erfordert viel Erfahrung. Diese Pläne gleichen eher komplizierten topographischen Landkarten mit der Darstellung der „Höhenlinien" des Rumpfes. Ohne hier zu sehr ins Detail gehen zu wollen – dafür wäre auch ein Schiffbaustudium erforderlich, bei dem es mehrere Semester nur um die Optimierung der Linien in solchen Plänen geht – eine kurze Erläuterung. Der Schiffsrumpf wird von der Unterseite betrachtet und je nach Form und Maßstab Linien gleicher Höhe dargestellt. Das entspricht den Höhenlinien einer Landkarte und sagt – abgesehen vom ungewohnten Blickwinkel – viel aus. Der Längsriß ist verständlicher. Auch hier gibt es ein Netz von Hilfslinien und es werden Streben mit eingezeichnet. Aus diesem Plan kann man auch die Form des Schanzkleides entnehmen. Die dritte Schiffsansicht, die zu den Konstruktionsunterlagen neben vielen weiteren Detailplänen gehört, ist der Spantenriß. Er zeigt die Querschnitte durch den Schiffsrumpf an genau vorgegebenen Stellen zwischen Heck und Bug.

Früher wurden die Schiffe nach Modellen gefertigt. Zur Schiffsbaukunst gehörte die Erstellung von Halbmodellen. Dazu wurde ein Modell gebaut, bei dem man sich – da ja alle Schiffsrümpfe klappsymmetrisch sein müssen – die andere Hälfte sparen konnte. Aus diesen Modellen wurden die Maße für die hölzernen Schiffe und später für die Spanten-konstruktionen und genieteten Stahlschiffe abgegriffen. Vor allem aber dienen diese Halbmodelle zum Anzeichnen der Plattengänge der Außen-haut. Schließlich müssen die großen Stahlplatten auf die propere Schiffs-form gebracht werden. Heute wird – außer bei spektakulären Passagier-schiffsprojekten und für Schleppversuche als Unterwasserschiff-Modell – manchmal erst nach der Fertigstellung des Schiffes ein Modell als Schmuckstück für Reederei und Werft gebaut.

Schnittmuster für den Schiffbaustahl

Nach den Plänen wurde der Schiffbaustahl passend zugeschnitten. Das war kein einfaches Unterfangen. Die tonnenschweren Stahlplatten wur-den auf den gigantischen Schnürboden gelegt, und hier die Linien Punkt für Punkt aus den vorliegenden Schiffbauplänen übertragen. Die Meß-punkte wurden maßstabsgerecht mit Kreide und weißer Farbe angeris-sen und mit Latten die Punkte zu schwungvollen Schiffslinien aus-

Aus diesen Sek-tionen wird ein Schiff im Trockendock zusammen-gebaut

107

gestakt. Beim Übertragen konnten sich natürlich Fehler einschleichen und es auch „Verschnitt" geben. Geschnitten wurde per Schweißbrenner auf dem Werftgelände. Ein Fortschritt war das Anreißen der Schnittlinien mit der Projektion der Schiffbaupläne mit einem speziellen Dia-Projektor. Die Pläne wurden dazu maßstabsgerecht auf Glasplatten aufgenommen.

Heute erspart man sich diese Umwege: Aus den ohnehin per Datenverarbeitung erstellten Schiffsdetailplänen wird die Brennschneidemaschine direkt gesteuert. Die Steuerung dieser Automaten mit einer Vielzahl von Brennern, die millimetergenau auch in den Kurven die erforderlichen Stahlteile zuschneiden, wirkt gespenstisch. Dabei kann auch noch die Ausnutzung des Plattenmaterials optimiert werden. Auf dem Computer-Monitor wird dazu das Schnittmuster für die einzelnen Stahlplatten mit der Teilenummer zur Kontrolle angezeigt, Wie bei einem gigantischen Modellbausatz kann die Konstruktion des Schiffes aus den einzelnen Teilen am Bildschirm simuliert werden.

Leider besteht ein Schiff nicht aus einfachen Platten: Die Elemente müssen meist dreidimensional verformt werden. Dazu werden sie kalt oder, je nach Material und gewünschten Eigenschaften, glühend gebogen oder gestreckt oder aus vielen kleinen Elementen zusammengesetzt. Man braucht dazu nur an die schwungvolle Wulstbug-Form denken, bei der jede Unebenheit die Eigenschaft verschlechtern würde. Auch hier denkt der Computer mit und berücksichtigt auch Schrumpfungsfaktoren. Diese Aufgaben könnten Technische Zeichner, die es auf den Werften früher in großen Sälen reichlich gab, in der geforderten Präzision und Geschwindigkeit gar nicht erledigen.

Der Rechner hat das Lager im Blick

Per Rechner erfolgt auf modernen Werft nicht nur Konstruktion und ein Teil der Produktion, sondern auch die Überwachung der Fertigung. So hat der Rechner alle erforderlichen Teile vom Steuerrad bis zur Zierschraube für das Kabinenschlüsselbrett abgespeichert. Lagerhaltung, Kalkulation, Bauzeitüberwachung – alles läuft über diesen Rechner. Rationalisiert wird damit nicht nur die Schiffsfertigung, sondern auch die Kalkulation. Allerdings ist der Computer auch ein unerbittlicher Kontrolleur: Zu hohen Stundenaufwand für eine bestimmte Arbeit registriert er genauso wie „Materialschwund" auf dem riesigen Werftgelände.

Eine weitere Aufgabe des Rechners ist auch die Arbeitszeitplanung. Mit Netzplantechnik, in der genaue Termine für den Arbeitsbeginn bestimmter Abschnitte und Fertigstellungstermine nach Art eines Countdowns kontrolliert werden, kann ein solch verzahnter Betrieb wie eine Schiffswerft besonders zuverlässig Termine halten. Um den Plan einzuhalten, sind dann unter Umständen Überstunden erforderlich oder müssen zusätzliche Arbeitskräfte eingesetzt oder Subunternehmer eingeschaltet werden. Auch hier gibt der Computer wichtige Planungshilfen. Schließlich kann nicht mehr mit Schweißgeräten gearbeitet werden, wenn bereits der Teppichboden in den Schiffskabinen liegt.

Ohne Rechenzentren oder Computer an den verschiedenen Arbeitsplätzen wäre eine Werft heutzutage gar nicht mehr denkbar. Verschiedene Systeme, die besondere Fähigkeiten haben, werden dazu eingesetzt. Da gibt es Geräte für die Konstruktion, die besonders gute Grafikeigenschaften haben und die die Grundlage für die Schiffslinen geben. Andere können besonders schnell rechnen, was für die Schiffsstabilitätsberechnung erforderlich ist. Weitere haben eine mehr kaufmännische Ausrichtung für die Verwaltung und Buchhaltung. Beim Bremer Werftenverbund sind diese Rechner alle miteinander verbunden, um so besonders effektiv die elektronische Datenverarbeitung in allen Abteilungen nutzen zu können.

Intelligenz an Bord:
Brückensystem und Schiffsbetriebszentrale

Geht es schon bei der Herstellung eines Schiffes nicht ohne Datenverarbeitung, ist High-Tech auch im Bordbetrieb gefragt. Wunschtraum nicht nur der größten deutschen Reederei: Schiffe möglichst völlig ohne Besatzung um die Welt zu schicken. Theoretisch möglich wäre es, während der Seereisen Schiff, Antrieb und Umgebung von Computern überwachen zu lassen und bei Störungen die Daten über Funk zur Reederei zu übertragen. Die würde dann reagieren. Zum Anlegen würde dann eine Besatzung per Hubschrauber an Bord geschickt – ähnlich wie bereits jetzt für den Lotsenversetzdienst in der Deutschen Bucht. Aber das ist alles Utopie, auch wenn es bereits Entwicklungsansätze in diese Richtung mit Detaillösungen gibt.

Die Datenverarbeitung an Bord dient überwiegend dazu, die Schiffahrt noch sicherer zu machen und Kapitän und Ingenieur Hilfestellungen zu geben. Für die neuen Ein-Mann-Brücken, bei denen vom Kapitän die Kontrolle des Antriebssystems und der Aggregate zumindest zeitweise übernommen wird, waren Neuentwicklungen erforderlich.

Wer einmal die Schalttafeln einer Maschinenraumüberwachung gesehen hat, kann sich eine grobe Vorstellung davon machen, wie viele Meßwerte im Maschinenleitstand ständig im Auge behalten werden

Der Maschinenleitstand des modernen Containerfrachters „Contship Barcelona"

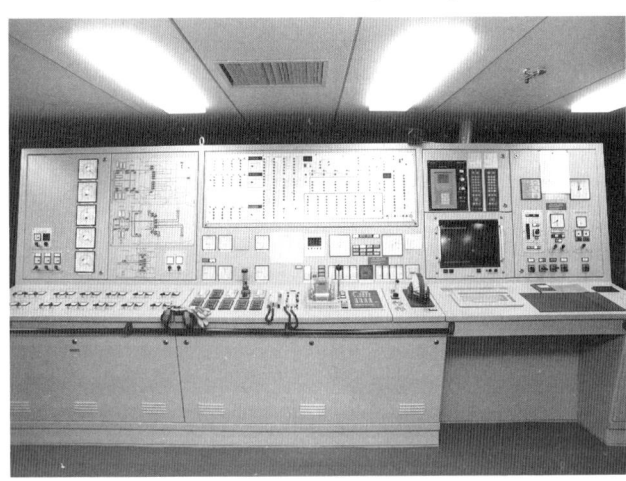

müssen, soll das Schiff störungsfrei operieren. Dabei war die Installation der Meßgeräte, abgesetzt vom lauten und heißen Maschinenraum, schon eine wesentliche Erleichterung der Arbeit der Maschinisten, die heute längst wegen ihrer speziellen Fachausbildung für das komplizierte Energiesystem „Schiff" Ingenieure heißen. Der nächste Schritt war die Signalisierung von grob abweichenden Werten mit Alarmmeldungen. Erreicht wurde damit eine weitere Vereinfachung und

Per Computer-Tastatur können aktuelle Werte abgefragt oder auch Schaltvorgänge vorgenommen werden

die Einführung des sogenannten „wachfreien Betriebes": Der Ingenieur brauchte nur bei Alarm in Aktion zu treten.

Wachfreier Betrieb

Für das Entwicklungskonzept „Schiff der Zukunft" wurde die automatische Maschinen- und Aggregate-Überwachung weiter verfeinert. Bei Neubauten der Bremer Vulkan AG werden auf der seit 1986 gebauten Containerfrachter-Serie die an mehr als 500 Stellen an Bord gemessenen Werte nicht nur in der Schiffsbetriebszentrale, wie der inzwischen völlig von der Maschine abgesetzte Überwachungs- und Schaltraum benannt wurde, angezeigt, sondern diese Messungen von einem Computersystem noch zusätzlich kontrolliert. Diese Anzeige erfolgt schön übersichtlich auf einem großen Farb-Monitor. Die Betriebszustände werden hier deutlich gemacht. So kann der Chief mit einem Blick die Abgas-Temperatur der einzelnen Zylinder, die genauen Brennstoff-Verbräuche, den Schaltzustand der Hilfsaggregate, die Leistungsabgabe des Wellengenerators oder den Druckluftvorrat zum Motoranlassen ablesen. Weicht ein Wert von vorher ermittelten Toleranzen ab, dann wird dieses sofort als Alarm gemeldet.

Auch auf der Brücke hat der Kapitän einen solchen Monitor. Reagieren weder Ingenieur noch Kapitän auf wichtige Alarmmeldungen, die zusätzlich noch für das Schiffstagebuch als Computerausdruck dokumentiert werden, dann läßt sich der Rechner etwas einfallen. So geschah es kürzlich während einer Probefahrt für die Bremer Vulkan AG auf der Weser. Eine Brennstoffleitung war gebrochen. Innerhalb von Sekunden stoppte der Rechner die Hauptmaschine und fuhr die Notaggregate hoch. Der Ingenieur konnte die Zeit zum Dichten des Lecks nutzen und auf Handbetrieb umschalten.

Ventil-Öffnen mit dem Lichtgriffel

Ein etwas anderes Schiffsführungskonzept wurde von der Kieler Howaldtswerke-Deutsche Werft AG entwickelt. Hier erfolgen alle Anzeigen auf dem Computer-Display. Auch die Schaltvorgänge, wie beispielsweise das Schließen von Ventilen, das Starten eines Generators oder das Umschalten der elektrischen Last, erfolgen hier mit einem sogenannten Lichtgriffel direkt auf dem Computerbildschirm. Für viele Ingenieure ist dieses Verfahren ungewohnt, und es gibt auch unterschiedliche Meinungen darüber, was nun besser ist. Auf jeden Fall – das ist Ziel der Entwicklungen und auch der Zulassungsverfahren – muß der Computer Hilfestellungen geben und darf gerade in Streß-Situationen, beispielsweise beim Ausfall der Energieversorgung, nicht noch zur Verwirrung beitragen.

Die Rechner geben durch die optimale Darstellung aller wichtigen Motordaten die Möglichkeit, besonders wirtschaftlich zu fahren und die Leistungsbilanz eines Schiffes auch in den unterschiedlichen Klimazonen anzupassen.

Ergonomie – sie gilt auch an Bord. Besonders weit fortgeschritten ist sie bei der Radargeräte-Technik, die dem Kapitän neben der Standortbestimmung und der Kollisionsverhinderung eine Vielzahl weiterer Informationen bietet. Was dem Chief sein Monitor zur optimalen

Systemüberwachung, ist dem Kapitän sein integriertes Brückeninformationssystem, das alle nautischen Informationen liefert. Hier werden Windrichtung und -stärke relativ zum Schiff angezeigt – wichtig bei Anlegemanövern oder um das Schiff bei Sturm optimal in den Wind zu legen. Auf dem Farbdisplay des von Krupp Atlas Elektronik entwickelten Systems sind Kurs, Ruderstellung, aber auch Tiefgang mit einem Blick abzulesen.

Computer erkennt Kollisionsgefahr

Die modernen Radarbildschirme blenden nicht nur den Kursstrahl ein, sondern weisen automatisch auf Kollisionsgefahren hin. Früher mußten dazu auf dem Leuchtschirm mühsam mit Fettstift die entsprechenden Kopplungen eingetragen werden. Das waren die Bewegungen der anderen Objekte relativ zum eigenen Schiff. Behielten diese Winkel und Geschwindigkeit bei, bedeutete dies ein mögliches Zusammentreffen. Das Koppeln ist nicht mehr erforderlich. Die heutigen Radargeräte können eine solche Gefahr selbst erkennen und dem Kapitän sogar mitteilen, wann es zu einer Berührung kommen würde, wenn sein und das andere Schiff keine Kurskorrektur vornehmen. Theoretisch könnte die

Dieses Brückensystem informiert auf den zahlreichen Bildschirmen den Kapitän umfassend. Vom Radarbild bis zur Windgeschwindigkeit sind alle wichtigen Informationen ablesbar

Elektronik dann selbst nach den nautischen Regeln ein Ausweich-
manöver einleiten, aber dazu wird es nicht kommen. Die Entscheidung
trifft weiterhin der Kapitän. Aus den Radarechos kann auch die
Geschwindigkeit beliebiger Objekte oder ihr Abstand sowie die größt-
mögliche Annäherung beim vorgegebenen Kurs errechnet werden.
Umfangreiche Rechnersysteme sind in die Radargeräte eingebaut. Doch
die Entwicklung für dieses System hin zu einem kompletten integrierten Brückensystem geht noch weiter.

Die elektronische Seekarte

Der nächste Schritt ist die Einbeziehung der elektronischen Seekarte.
Zwar können auf den Radaranlagen bereits Wegepunkte und Kurse
gespeichert werden. So kann ein Kapitän, der seinen Liegeplatz am Con-
tainerterminal in Bremerhaven angesteuert hat, bei der Rückkehr von
der nächsten Reise von der Radarkarte gelenkt wieder hinfinden. Ideal
wäre, wenn es regelrechte Fahrbahnen für Schiffe auf den Ozeanen
gebe. Doch mit der ständigen Standortermittlung auf den Meter genau
und einer elektronischen Seekarte wäre das fast gelöst.

Hinter dem Zauberwort „elektronische Seekarte" verbirgt sich die com-
putergerechte Abspeicherung aller Seekartenangaben. Viele tausend
Mark müssen für Schiffe in weltweiter Fahrt für die erforderliche Aktualisierung der Seekartensätze jährlich ausgegeben werden. Erforderlich
ist das durch neue Fahrwassermarkierungen, neue Untiefen, hinzuge-
kommene Hindernisse wie Wracks oder auch Versandung von Fahr-
wasserrinnen. In die Karte aus Papier trägt der Kapitän Standort und
Kurs ein und vergleicht diese Linien mit der ständigen Beobachtung.
Die elektronische Seekarte müßte alle Angaben über Uferlinien, Was-
sertiefen, Warnhinweisen und Bemerkungen abgespeichert haben und
dem Kapitän den gewünschten Ausschnitt von dem Gebiet, in dem er
sich gerade befindet, zeigen.

Über Funk oder den Austausch von Disketten könnte eine einfache
Aktualisierung erfolgen, die sonst mühsam per Hand von besonderen
Kartenberichtigungssstellen oder nach den neuesten „Nachrichten für
Seefahrer" von einem der nautischen Offiziere vorgenommen werden

muß. Für Freizeitkapitäne gibt es so etwas bereits. Für die Berufs-schiffahrt ist man gerade dabei, sich über die erforderlichen Standards zu einigen. Auch der Maßstab und die Darstellungsart sind dabei ein wichtiger Punkt.

Doch es gibt bereits interessante Versuche, mit solchen Seekarten und einem integrierten Brückensystem zu fahren. Eine Vielzahl von Informationen könnte der Nautiker so abrufen. Auch der Standort würde ständig mitgekoppelt. Mißverständnisse wären dann auf dem großen Ozean allemal auszuschließen: Der Computer zeichnet die Spur des Schiffes und das gewünschte Ziel in die Karte und signalisiert dem Kapitän Störungen, Abweichungen oder Beeinträchtigungen. Da ohnehin fast alle Schiffe Selbststeuer haben, würde der Kurs auch genau gehalten. Der Mann auf der Brücke würde von der Automatik ersetzt.

Doch was geschieht bei einer Störung? Was in einem Fahrwasser, in dem es regen mitlaufenden oder gar kreuzenden Verkehr gibt? Für den Kapitän bleibt noch genug zu tun. Die Elektronik ist hier nur – auch aus rechtlichen Gründen – Helfer. Die Entscheidungen wird auch künftig immer an Bord ein Mensch treffen.

Doch der Kapitän wird auf der Brücke einsamer. Die Ein-Mann-Brücken sind ein Schritt dazu. An Bord von den neuen Containerfrachtern von Hapag-Lloyd arbeitet nur noch ein nautischer Offizier, der auch für die Maschine die Verantwortung mitträgt. Die Brückenanordnung ist so erfolgt, daß er alles im Blick hat. Sollte er auf See ein dringendes Bedürf-nis erledigen müssen, dann hat er vom gläsernen Brücken-WC immer noch alle Anzeigen einschließlich des Navigationsradars im Blickfeld. Die Reedereien denken eben an alles. Andererseits: Sonst hätte dieses Konzept vermutlich auch nicht die Zulassung für eine solche Personal-einsparung erhalten.

Wegweiser auf dem Wasser

Wie findet ein Kapitän den Weg durch ein ihm unbekanntes Fahrwasser? Nun, zuerst schaut er in die Seekarte und orientiert sich daran. Dort findet er auch die Leuchttürme und Bojen, die den Fahrweg begleiten, genau als Wegepunkte verzeichnet. Und da haben wir sie schon, die Wegweiser, die es für die Fahrt auf dem Wasser gibt: Es sind Seezeichen. Und damit diese auch nachts zu erkennen sind, sind sie beleuchtet oder leuchten selbst. So blinkt und funkelt es nachts auf den Flußmündungen und in der Deutschen Bucht und weisen rote und grüne Lichter dem Kapitän den Weg. Bei schlechter Sicht gibt es zusätzliche Heulbojen und Nebelhörner, die dann auch akustische Hilfsmittel sind. In der Regel wird dann aber ohnehin genau das Radar beobachtet.

Schauen wir uns dieses Leit- und Wegweiser-System mit seiner scheinbar verwirrenden Vielfalt, die für den Nautiker jedoch eindeutig ist, genau an. Da gibt es zunächst einmal die Gruppe der Fahrwasserbegrenzungszeichen. Die Fahrwassertonnen sind für ein einlaufendes Schiff auf der linken (Backbord) Seite rot, stumpf, mit rotem Blinklicht und zylindrischen Toppzeichen und gerader, fortlaufender Ziffer. Auf

Eine besondere Tonne mit Solarzellen für die Beleuchtung hat Seehund-Besuch

der rechten Seite (Steuerbord) findet dieser Kapitän grüne Seezeichen, spitzförmig, kegelförmiges Toppzeichen und mit ungerader Ziffer. Ich will es lieber nicht verschweigen: Dieses System gilt nur in Europa, Afrika bis Indien und Australien. Auf der amerikanischen Seite des Globus ist es genau umgekehrt. Der Standort der Seezeichen, zu denen für die Fahrwassermitte auch rotweiß gehaltene Tonnen gehören können, ist genau in allen Seekarten vermerkt.

Durch Strömung können die gut verankerten schwimmenden Tonnen nur ein wenig versetzt werden. Ein Kapitän kann sich mühelos von Tonne zu Tonne zum gewünschten Ziel leiten lassen. Vor allem Freizeitkapitäne, die ohnehin dem Rechtsfahrgebot nachkommen müssen, navigieren auf dem „Tonnenstrich". Das ist die gedachte Linie von einer Tonne bis zur nächsten. Die Numerierung erleichtert dabei die Orientierung. Die Pflege und Kontrolle dieser Fahrwassermarkierung obliegt den Wasser- und Schiffahrtsverwaltungen. Sie verfügen über eigene Tonnenhöfe, in denen diese Seezeichen gewartet werden. Wegen Sturm und Eisgang gibt es zusätzliche Winter- Betonnungen. Für Einmündungen und Fahrwassergabelungen gibt es besondere zweifarbige Zeichen. Für Priele, das sind Wasserläufe im Watt, die auch bei Ebbe für Kutter und Boote noch befahrbar sind, werden einfachere Orientierungszeichen benutzt. Hier werden Pricken – das sind kleine Baumstämme mit verbliebenem Geäst – oder besenähnliche Stangen mit unten abgebundenem Reisig für die Backbordseite und glatten Stangen oder Stangen mit oben abgebundenem Reisig für die Steuerbordseite genutzt. Auch Uferbefestigungen werden so zusätzlich gekennzeichnet.

Als Ergänzung zu diesem Betonnungssystem gibt es noch gelb oder gelb-schwarz gehaltene Sonderzeichen, die vor Untiefen, Wracks und anderen Gefahren warnen. Auch Sperrgebiete sind so gekennzeichnet. Ins Reich der Fabel gehört dagegen die „Postboje". Die leuchtendgelbe Tonne in der Deutschen Bucht, die die Bundesgrenze dokumentierte, hatte einen solchen Namen erhalten.

Lichtschneisen auf dem Wasser

Die Fahrwassergrenzen hat der Kapitän nun durch diese meist auch noch mit zusätzlichem Blinkfeuer für die Orientierung bei Nacht versehenen Fahrwassertonnen vermittelt bekommen. Doch nicht nur im Bereich der stark befahrenen Gewässer der Flußmündungen in der Deutschen Bucht mit ihren gefährlichen Untiefen und Sänden und einer komplizierten Verkehrsführung für die in Richtung Elbe, Weser und Jade, Nord-Ostsee-Kanal, Atlantik und Skagerrak abbiegenden Wasserfahrzeuge gibt es neben der Radar-Beratung noch ein altbewährtes nautisches Hilfs-

117

Der Rote-Sand-
Leuchtturm

mittel. Leuchttürme und Baken weisen in der Nacht – und am Tage durch ihr markantes Äußeres – dem Kapitän den Weg. Diese Seezeichen werden vom Kapitän angesteuert. Sie zeichnen ihm eine Linie auf das Wasser, bei Nacht ist es – bei guter Sicht und richtigem Kurs – eine regelrechte Lichtschneise.

Die Ansteuerung ist einfach. Ein Leuchtfeuer strahlt dem Kapitän seine festgelegte Kennung in Form von Lichtpulsen entgegen. Er weiß dann genau nach dem Leuchtfeuerverzeichnis und der Seekarte, um welchen Leuchtturm es sich handelt. Viele Leuchttürme helfen dem Kapitän durch eine rote und grüne Sektorenkennung bei der Ansteuerung weiter. Die Lichtpulse, die beispielsweise vom Leuchtfeuer Helgoland bis zu 40 Kilometer über das Wasser getragen werden, erzeugen extrem helle Lampen, vor denen sich große Linsen und Jalousien befinden.

Ein anderes nautisches Verfahren besteht aus der Ansteuerung von kleineren Baken. Erforderlich sind für die Navigation zwei Einheiten: Ein Ober- und ein abgesetztes Unterfeuer. Der Kapitän muß diese Baken so ansteuern, daß sie sich in einer Linie befinden, also fluchten. Dann sieht er beide Lichter zudem noch mit größter Helligkeit genau übereinander. Schon eine winzige Abweichung vom Kurs kann der Kapitän selbst auf schmalem Fahrwasser sofort erkennen und ausgleichen. Nun würde er ja immer weiter auf diese Baken zufahren und dann doch auf Grund auflaufen, wenn es nicht die Quermarken-Feuer gebe. Sie machen den Kapitän darauf aufmerksam, daß er sich nun nach einer neuen Ansteuerungslinie orientieren muß. Am Tage funktioniert diese Bakenansteuerung genauso: Nur muß der Nautiker dann nach den großen pyramidenförmigen rot-weiß gestrichenen Baken Ausschau halten. Der bekannteste deutsche Leuchtturm, der Rote-Sand-Leuchtturm, ist eigentlich überflüssig. Privatleute und Sponsoren kämpften um den Erhalt dieses Wahrzeichens, der die Schiffe in der Deutschen Bucht begrüßt, und erreichten schließlich den Erhalt und die Sanierung des baufällig gewordenen, 1885 erbauten Seezeichens. Leuchtturmwärter gibt es übrigens nicht mehr.

Seezeichen automatisch und ferngesteuert

Alle Seezeichen arbeiten vollautomatisch und fernüberwacht. Abgeschafft wurden auch die bemannten Feuerschiffe, deren Besatzung mehrere Wochen hier Dienst tat. Hier wurden neben der Wegweisung für die Schiffahrt dieser schwimmenden Seezeichen Wettermessungen vorgenommen und auch schon mal in Seenot geratene Skipper aufgenommen. Ersetzt worden sind sie durch Tonnen und kleinere unbemannte Feuerschiffe.

Bei der Ansteuerung erhält der Kapitän jedoch noch weitere Hilfsmittel. So sind Leuchttürme und einige Bojen, die durch ihre Radarreflektoren ohnehin gut auf dem Bildschirm sichtbar sind, mit zusätzlichen Radartranspondern ausgerüstet. Sie geben im Radarbild dann ein besonderes Blink-Echo, das ihre Identifikation und Ansteuerung nur nach dem Radarbild erleichtert.

Radarberatung wie für Flugzeuge

Außerdem werden die Weser, Elbe und Jade komplett bis Helgoland rund um die Uhr von Radar-Zentralen überwacht. Die Wasser- und Schiffahrtsämter können hier von ihren Radarschirmen Lotsenhilfe und Beratung anbieten, wenn ein Kapitän sich mal „verfranst" hat oder ein besonders großes Schiff mit Manövrierproblemen sicher geleitet werden muß. Radarstationen auf Türmen an Land und Radarantennen auf Leuchttürmen bieten überlappende Bilder, die von großen Rechnern bearbeitet werden. Die Revierzentralen ähneln denen der Flugüberwachung. Hunderte von Punkten mit Pfeilen, die die aktuelle Geschwindigkeit und Richtung des Wasserfahrzeuges darstellen, können die Radarberatung nicht irritieren. Ihr Job sei nicht so stressig wie in der Luftfahrt, meinte ein Verkehrsberater schmunzelnd: Schiffe sind langsamer und bewegen sich normalerweise immer auf derselben Höhe.

Auf dem Wasser gibt es genauso Vorfahrtsregeln, wie auf der Straße. Es gilt hier die Rechts-vor-Links-Regel mit einigen Ausnahmen. So müssen Motorfahrzeuge Seglern ausweichen und haben Schiffe im Fahrwasser Vorfahrt gegenüber einfahrenden Fahrzeugen. Bei Begegnungen müssen beide Schiffe nach Steuerbord ausweichen.

Kennzeichen für Schiffe

So eindeutig die Markierung des Fahrwassers, so genau festgelegt sind auch besondere Kennzeichnungen für Schiffe. So kann ein Kapitän im Dunkeln sofort erkennen, daß ihm ein 200 Meter langer Schleppzug auf der Backbordseite entgegenkommt. Die Positionslaternen, Topplichter und zusätzliche Signallaternen geben diese Informationen. Am Tag ist das meist nicht gar so wichtig, weil dann die Schiffe gut zu erkennen sind. Aber auch dann werden von vor Anker liegenden Wasserfahrzeugen entsprechende schwarze Ball-Markierungen aufgezogen.

Neben den roten und grünen Positionslaternen, deren Leuchtwinkel genau vorgeschrieben ist, besitzen Motorfahrzeuge unter 50 Meter Gesamtlänge ein weißes Topplicht und längere Schiffe zusätzlich ein darunterliegendes Topplicht in Bugnähe. Fischereifahrzeuge setzen zusätzliche Lichter, wie auch manövrierbehinderte Fahrzeuge. Wahre Festbeleuchtung mit zusätzlichen weißen, roten und grünen Lichtern gibt es für Schleppfahrzeuge und Schwimmbagger. Auch auf dem Wasser gibt es übrigens Blau-Licht: Wasserschutzpolizei, Zoll- und Dienstfahrzeuge der Wasser- und Schiffahrtsverwaltungen sind mit entsprechenden Rundumleuchten ausgerüstet.

Die richtige Flagge hissen

Genauso exakt international vorgeschrieben ist auch die Flaggen-
führung auf Handelsschiffen. Die Flagge des Heimathafens wird am Bug
an der Gösch gehißt, während sich die Nationalflagge, die grundsätzlich
bei Sonnenuntergang eingeholt wird, am Heck befindet. Die Reederei-
flagge befindet sich am hinteren Flaggenmast, während am vorderen
die Flagge des Bestimmungslandes geheißt wird. Hier finden sich auch
wichtige Signalflaggen. Die weiß-rote Lotsenflagge (wenn ein Lotse
angefordert wird, ist sie gelb-blau gestreift) wird hier gesetzt, wie die
rote Gefahrgut-Warnung oder das wohl bekannteste Flaggen-Signal, der
„Blaue Peter". Das weiße Rechteck auf blauem Grund signalisiert, daß
das Schiff in den nächsten zwölf Stunden auslaufen wird.

An Bord jedes Schiffes gibt es zur Nachrichtenübermittlung ein kom-
plettes Flaggenalphabet. Bis auf die Buchstaben A und B und die Zah-
lenwimpel sind alle Signalflaggen rechteckig. Für Buchstabenwieder-
holungen gibt es Hilfsstander, die ein weiteres Flaggenalphabet an Bord
ersparen. Über die Toppen geflaggt werden Schiffe mit Wimpel und
Flaggen bei besonderen festlichen Ereignissen.

Mit Windkraft auf den Ozeanen

Wer gerät nicht ins Schwärmen, wenn er die großen Segelschiffe bei Windjammerparaden sieht oder freut sich nicht über historische Schiffe oder ihre Nachbildungen? Für die Besatzungen war der Aufenthalt an Bord keineswegs ein solcher Spaß, wie es mit Dieselaggregaten für die Versorgung der Klimaanlage, fließend Warm- und Kaltwasser und neuzeitlicher Küche sowie den modernsten nautischen Hilfsmitteln heute möglich ist. Für die nüchternen modernen Menschen haben die Windjammer etwas Romantisches an sich. Das hängt auch mit ihrer heute etwas exotischen Art zusammen, nur durch die Kraft des Windes – also ganz den Naturgewalten überlassen – über die Weltmeere zu schippern. Durch das wachsende Interesse setzen auch die Kreuzfahrtveranstalter auf dieses Transportmittel. Nicht nur mit der „Sea Cloud" werden Fahrten angeboten, sondern auch mit Schiffen, bei denen das Segeltuch überwiegend dekorativen Charakter hat. Nur mit ihren Motoren, deren Abluftführung in den „Segelmasten" getarnt verläuft, kommt beispielsweise die „Wind Star" in Fahrt.

Es gibt aber auch echte Segler, wie beispielsweise die „Alexander von Humboldt" der Deutschen Stiftung Sail Training, deren Funktion die Pflege der Völkerverständigung und der besonderen Lebensbedingungen an Bord ist. Wie auf der Elsflether „Großherzogin Elisabeth", die während der Liegezeiten als Internatsschiff genutzt wird, zählt hier im Bordalltag Disziplin, weil alle vom Kapitän bis zum Matrosen auch in schwerer See im selben Boot sitzen, und das Ausloten der eigenen Fähigkeiten. Nicht ohne Grund gilt bei einem Rahsegler der Satz „Eine Hand fürs Schiff, die andere für dich".

Das Mitsegeln oder Mitreisen auf einem Segler lohnt sich bestimmt. Es ist ein ganz besonderes Erlebnis, das sich von üblichen Kreuzfahrten erheblich unterscheidet. Doch während diese Art der Passage neue Freunde gewinnt und zum Bau von neuen Segelkreuzfahrtschiffen führt, ist die Zeit der Frachtsegler abgelaufen. Selbst mit Hilfsmotor waren sie nicht mehr konkurrenzfähig gegenüber den Motorschiffen. Auch bei Ladung, bei der es auf die Reisedauer nicht so ankam, waren sie wegen der erforderlichen Besatzungsstärke, die ja auch auf den langen Reisen untergebracht und verpflegt werden wollte, nicht mehr wirtschaftlich.

Für den harten Segeljob eines Frachtseglers mit Düngemittel oder Getreide an Bord fanden sich kaum noch Besatzungen.

Dennoch gibt es immer wieder Versuche, auf den Wind als preiswerten Antrieb zu setzen. Dabei geht es weniger um reine Segelschiffe, deren Rumpf und Segelanordnung noch optimiert werden könnten, als um Zusatzeinrichtungen. Ein Beispiel dafür sind die sogenannten Flessner-Rotoren, die dem Schiff einen zusätzlichen Vortrieb geben, wenn sich

123

der Wind in den am Bug und Heck angebrachten zylinderförmigen Drehkörpern fängt.

Nun aber wieder zu den richtigen Großseglern. Sie fahren keineswegs nur als lebendige Museumsschiffe, sondern es gibt hier auch etliche Rekonstruktionen und Neubauten. Östliche Marinen, aber auch die Bundeswehr mit der 1958 bei Blohm + Voss gebauten „Gorch Fock" nutzen sie zur Kadetten- und Offiziersausbildung. Ein wichtiges Kriterium für die Einteilung ist die Zahl der Masten und die Art der Segel.

Rahsegler und schonende Gaffelsegler

Es gibt nur zwei typische Segelarten: Rechteckiges oder trapezförmiges Segeltuch, das quer zur Längsschiffsachse an einem Rundholz, der Rah, angeschlagen ist – die Rahsegel und die in Längsrichtung des Schiffes an einem oberen und unteren Rundholz, der Gaffel, befestigten Gaffelsegel. Auch wenn es Mischungen in der Besegelung gibt, kann man so zwischen dem mit Gaffelsegeln ausgestatteten Schoner und dem mit Rahsegel ausgerüsteten Vollschiff unterscheiden. Während die Besatzungen zum Segelsetzen und -einholen hoch in die Rahen klettern mußten, wurden bei den Schonern die Segel mit Flaschenzügen gesetzt. Das war – vor allem bei Seegang – weitaus weniger gefährlich. Den Namen Schoner gab es wegen des ungefährlicheren Bordaufenthaltes. Kaum ein Segler brachte alle Mann von den Reisen wieder zurück. Die harte Arbeit an Bord, die See und auch Krankheiten, zu denen der Vitaminmangel gehörten, forderten erhebliche Opfer. Doch weiter zur Einteilung der Segelschiffe. Der Grundtyp des Vollschiffes hat immer drei Rahsegel-Masten. Ist der hintere, der Besanmast, mit Gaffelsegeln getakelt, spricht man von einer Bark. Ein Zweimaster mit Rahsegeln heißt Brigg. Der Grundtyp des Schoners ist ein Zweimaster. Wenn man von einer Dreimast-Bark spricht, wäre das genauso, als wenn man ein Pferd als „weißen Schimmel" bezeichnete.

Laufendes und stehendes Gut

Noch einige Grundbegriffe: Die Taue, mit denen die Segel festgezurrt, beigeholt, gehißt, gerefft oder gesetzt werden, bezeichnet man als „laufendes Gut". Über eine komplizierte, aber durchaus sinnvolle Konstruktion von Rollen, Flaschenzügen und Beiholern werden die Segeln dabei zur Ausnutzung der Windkraft angepaßt. Der Ausdruck „Windjammer" stammt vom dichten Pressen der Segel an den Wind, vom englischen Ausdruck „jam to the wind". Günstigenfalls in einem Winkel von 70 Grad kann ein Rahsegler gegen den Wind aufkreuzen. Das bedeutete bei Kap Hoorn mit ständigem Westwind ein ständiges Kreuzen, um überhaupt eine Seemeile gutzumachen. Besatzungen kamen dabei natürlich ins Jammern. Das „stehende Gut" sind die Masten, Wanten und Stagen. Die Konstruktionen, die auch die gewaltigen Belastungen aushalten müssen, wenn der Wind in die Segel bläst, sind heute mit stabilen Drahtseilen abgespannt.

Galionsfiguren als Schmuckstück

Besonders auffällig bei Segelschiffen ist weniger die manchmal vorhandene Galionsfigur als Verzierung der Bugform, sondern der Klüverbaum. Er hält die Vorsegel, die meist zwei Klüver- und ein Stagsegel. Auch zwischen den Masten gespannte Stagsegel nutzen jeden Windhauch aus. Sammelname für alles in Ruhelage in Längsrichtung gespanntes Tuch ist Schratsegel. Die Segel bestehen heute in der Regel aus Kunststoffasern. Nicht nur Gewichtsgründe geben hierfür den Ausschlag, wie auch die mögliche bessere „Winddichtigkeit" des Materials, sondern weil so gefertigte Segel sich nicht so stark mit Wasser vollsaugen wie Naturfaser-Segel. Auch können sie feucht geborgen werden, ohne gleich Schimmel anzusetzen.

Jedes Teil eines solchen Segelschiffes hat seinen „historischen" Namen. Ob der Mast, Rahstangen und vor allem die einzelnen Segel des Riggs sowie die erforderlichen Taue haben ihre eigene Bezeichnung. Auch sie stammen meist aus dem Englischen oder dem Seemannsslang. Dabei sind die Fachausdrücke aber auch manchmal recht bildhaft, wie das Kielschwein oder der Bootsmannsstuhl.

Eine ganz andere Welt sind die Sportsegelboote. Hier werden die Rümpfe auf höchste Geschwindigkeit getrimmt. Angenehm ist der Aufenthalt auf einer solchen reinen „Rennziege" nicht, wird hier für den Regatta-

Sieg doch auf jeglichen Komfort an Bord verzichtet, weil er unnützes Gewicht bedeutet. Doch während sich dies auf die großen Yacht-Veranstaltungen bezog, gibt es auch Regatten mit den kleineren Booten vom Optimist-Dinghy bis zum Flying Dutchman. Beim Kreuzen und Wenden legen sich die angegurteten Segler fast außenbords an den Mast, um das Boot durch diese Gewichtsverlagerung gegenüber dem schweren Kiel als Kenterschutz in möglichst spitzem Winkel an den Wind zu pressen. Für einige Bootsklassen gibt es auch Spinnaker. Das sind meist bunte Segel, die als Vorsegel gesetzt werden und nicht zu starken achterlichen Wind ausnutzen. Eine wahre Kunst ist das richtige Einholen des Spinnakers während der Wendemanöver bei Regatten.

Das Schiff der Zukunft:
Die Entwicklung im Schiffbau geht weiter

Mit noch weniger Brennstoff werden noch leistungsfähigere Schiffe auskommen – das ist einer der Entwicklungstrends. Andere gehen in Richtung noch schnellerer Wasserfahrzeuge, die dann nicht nur als Fähren, sondern auch zum Transport von Gütern, für die ein Flugzeug zu schnell und zu teuer, ein normales Schiff aber zu langsam wäre, eingesetzt werden sollen. Ein entsprechender Bedarf für solche Transportmittel zeichnet sich auf den Weltmärkten ab.

Ein Trend ist für künftige Entwicklungen in der Schiffahrt auf jeden Fall einheitlich: Die Fahrzeuge werden noch mehr „Intelligenz" eingebaut erhalten, um noch wirtschaftlicher und optimaler, vor allem aber auch sicherer eingesetzt zu werden. War eine Seereise vor 200 Jahren ein Abenteuer, dessen Ausgang und Dauer vor allem von den Naturgewalten, aber auch dem Können des Kapitäns und seiner Besatzung abhing, so verkehren heute Frachter nach exaktem Fahrplan mit ihrer Ladung über die Weltmeere. In diesem System gibt es noch einige weitere Verbesserungsmöglichkeiten, die Werften und Reedereien mit der Schaffung von Antriebsreserven und Timing nutzen werden.

Vielleicht werden auch die Transportsysteme weiter ausgefeilt: Mit dem Standard-Vollcontainerschiff ist sicherlich noch nicht das Ende der Entwicklung erreicht. Die enge Zusammenarbeit von Werften und Reedereien bei der Entwicklung zukunftsträchtiger Schiffstypen wird sicherlich noch weitergehen. Ziel dabei sind maßgeschneiderte Lösungen, ohne daß – auch wieder nur durch computerunterstützte Planung und Fertigung – von einem rentableren Serienprinzip abgewichen werden muß. Während bei den mit wenig Brennstoff auskommenden Schiffen die Motorenentwickler gefragt sind, haben bei den schnellen Schiffen die Konstrukteure das Sagen. Neue Antriebskonzepte sind kaum zu erwarten, auch wenn in Japan ein Prototyp eines Bootes entwickelt wurde, der für den Vortrieb das Prinzip der Supraleitung und extreme Magnetfelder ausnutzt. Luftkissenfahrzeuge, Gleitfahrzeuge oder Katamaran- oder Mehrrumpfschiffe – ein breites Spektrum wird hier für den Bau in den nächsten Jahren auf den Werften entwickelt und auch in Modellen erprobt.

Ein weiterer Trend, der auch im Zusammenhang mit der Steigerung der

Sicherheit mit „intelligenteren Schiffen" zu sehen ist, wäre auch die Entwicklung umweltfreundlicherer Schiffe. Auf EG-Ebene haben sich mehrere Werften darangemacht, einen völlig neuen Tanker-Typ zu entwickeln, der nicht nur höchsten Umweltschutz-Anforderungen Rechnung trägt, sondern auch wirtschaftlich für den Betreiber interessant ist. Die Schiffbauer in Japan und Korea hätten bei einer gemeinsamen europäischen Lösung, die dann auch durch entsprechende Vorschriften, wie sie die USA kürzlich für ihre Häfen erließen, abgesichert werden müßte, das Nachsehen.

Gemeinsame europäische Lösung

Der Zusammenhang zwischen dem Schiffbau, dem Transportsystem Schiff und seine Auswirkungen auf die Welt- Exportmärkte war in der Vergangenheit von den Politikern übersehen worden. Wer die Transportmittel baut und sie besitzt, bestimmt nicht nur die Preise und Tarife auf den Transportmärkten, sondern ist auch unabhängig. Vielleicht ändert sich hier künftig etwas in der politischen Einschätzung, zumal hier die Japaner im Fernosthandel mit Australien das mögliche Preisdiktat durch eine so entstandene Monopolstellung vorgemacht haben. Für Deutschland als Exportnation wäre eine solche Abhängigkeit wirtschaftlich vernichtend, warnen die Experten.

Bei den Passagierschiffen scheint schon fast alles ausgereizt zu sein. Dennoch warten auch hier weltweit die Konstrukteure mit ständig neuen Ideen auf. Noch mehr Komfort, noch größere Kabinen und für den USA-Markt noch größere Schiffe sind hier der Trend. Vorerst zu den Akten gelegt ist das Projekt „Phoenix" des norwegischen Reeders Knut Kloster: Für mehr als 5200 Passagiere sollte hier eine schwimmende Stadt mit drei Hotel-Türmen entstehen. Mit einem Schiff hatte diese Konstruktion allerdings kaum etwas gemein.

Auf jeden Fall steht fest, daß die gesamte maritime Industrie, zu der Werften und Zulieferer, Reedereien und Makler, aber auch die Hafen- und Umschlagbetriebe gehören, eine Wachstumsindustrie ist. High Tech ist hier in allen Bereichen gefragt. Der Muskelmann, der auf den Holz-schiffswerften wie auch an Bord oder beim Hafenumschlag gefragt war, hat schon lange abgemustert. Hochqualifizierte Spezialisten, seien es Ingenieure, Betriebswirte und Datenverarbeitungsspezialisten, sind heutzutage erforderlich und trotz zwischenzeitlichem Krisengerede gesuchte Leute. Gerade sie schaffen es, deutschen Seehandel, Schiffbau und Hafenumschlag konkurrenzfähig zu halten.

Inhaltsverzeichnis

Bildnachweis

AEG Marine und Sondertechnik; Bell-Lines; Blohm + Voss AG; Bremer Vulkan AG; Bremische Hafenvertretung; Büro Bremerhaven Werbung; Conti Reederei; Deutsche Gesellschaft zur Rettung Schiffbrüchiger; Flensburger Schiffbaugesellschaft; Germanischer Lloyd, Hapag-Lloyd AG; Hamburger Hafen- und Lagerhaus AG; Howaldtswerke-Deutsche Werft AG, Roswitha Kistner; Krupp Stahl; Krupp Atlas Elektronik GmbH; Maersk Deutschland GmbH; Meyer Werft; Schichau Seebeckwerft AG; Silja Line; TT-Line